Virtuelle Unternehmen

Eine funktionsübergreifende Analyse – dargestellt am Beispiel
Call Center

von

Bjoern Hegewald

Tectum Verlag
Marburg 2003

Hegewald, Bjoern:
Virtuelle Unternehmen.
Eine funktionsübergreifende Analyse - dargestellt am Beispiel Call Center.
/ von Bjoern Hegewald
- Marburg : Tectum Verlag, 2003
ISBN 978-3-8288-8513-4

Tectum Verlag
Marburg 2003

1 EINLEITUNG 1

2 THEORETISCHE GRUNDLAGEN 3

   2.1 Wandel der Märkte zur Kooperation 3

   2.2 Gestaltung der Leistungstiefe: Transaktionskostenökonomik 3

   2.3 Entwicklung zum Virtuellen Unternehmen 9

      2.3.1 Begriffsbestimmung und Typisierung Virtueller Unternehmen 10
      2.3.2 Broker und Leader in Virtuellen Unternehmen 13
      2.3.3 Organisatorische Konzepte 16
      2.3.3.1 Business Process Reengineering 16
      2.3.3.2 Concurrent Engineering 18

   2.4 Stärken und Schwächen Virtueller Unternehmen 20

3 HUMAN RESOURCES 25

   3.1 Anforderungen an das Management 25

      3.1.1 Besondere Managementaufgaben Virtueller Unternehmen 25
      3.1.2 Führung und persönliche Qualifikationsmerkmale 28

   3.2 Anforderungen an die Mitarbeiter 30

4 MARKETINGMANAGEMENT 34

   4.1 Chancen vernetzter Geschäftsprozesse im Marketing 35

   4.2 Ausgewählte Marketinginstrumente für Virtuelle Unternehmen 37

      4.2.1 Elektronische Kataloge, Elektronische Märkte und „E-Commerce" 40
      4.2.2 Electronic Meetings 44

5 CONTROLLING 47

   5.1 Notwendigkeit eines Controllings für Virtuelle Unternehmen 49

   5.2 Ziele und Aufgaben 50

   5.3 Instrumente 51

   5.4 Organisation 53

   5.5 Controlling Virtueller Unternehmen in der Praxis 54

6 RECHTLICHE ASPEKTE 56

6.1 Rechtsformen für Virtuelle Unternehmen 56

6.2 Interorganisationale Rechtsbeziehungen 61

    6.2.1 Wirksamkeit elektronisch geschlossener Verträge 61

    6.2.2 Vertragsnetzwerke 62

6.3 Kooperation und Mißbrauchsmöglichkeiten 65

6.4 Internationale Rechtsfragen 67

    6.4.1 Internationale Geschäftsbeziehungen 67

    6.4.2 Besteuerung 68

7 VIRTUELLE CALL CENTER 69

7.1 Grundlagen Call Center 70

    7.1.1 Einsatzbereiche 70

    7.1.2 Organisation und technische Unterstützung 71

    7.1.3 „Virtualität" und Call Center 75

7.2 Human Resources 77

    7.2.1 Formen der Telearbeit 78

    7.2.2 Anforderungen an das Management 80

    7.2.3 Anforderungen an die Mitarbeiter 83

7.3 Marketingmanagement 84

    7.3.1 Marketinginstrument Call Center 84

    7.3.2 Marketing für Call Center 86

    7.3.3 Marketing Virtueller Call Center 87

7.4 Controlling 88

    7.4.1 Ziele, Aufgaben, Instrumente, Organisation 88

    7.4.2 Spezifische Kennzahlen und Meßverfahren 90

7.5 Rechtliche Aspekte 92

    7.5.1 Rechtliche Probleme virtueller Call Center 92

    7.5.2 Internationale Dimension 94

7.6 Fazit für virtuelle Call Center 95

8 ZUSAMMENFASSUNG UND AUSBLICK 99

LITERATURVERZEICHNIS 103

Abbildung 1: Vertragsformen, Koordinationsmechanismen und
Kontrollinstrumente 4

Abbildung 2: Transaktionskostentheoretische Evaluation von Koordinationsmechanismen bei zwei Determinanten nach Williamson 7

Abbildung 3: Einfluß von IuK-Technologien auf die Spezifität 8

Abbildung 4: Grundtypen von Unternehmensnetzwerken 11

Abbildung 5: Darstellung der Virtualität nach dem Grad der Erfüllung von
Kriterien 12

Abbildung 6: Typen Virtueller Unternehmen nach der Dauerhaftigkeit der
Beziehungen 13

Abbildung 7: Zunehmender IuK-Technologie Einsatz in der Kundenbeziehung 34

Abbildung 8: Managementaufgaben in einem Unternehmensnetzwerk 48

Abbildung 9: Aufgaben von Planung und Kontrolle in Unternehmensnetzwerken ... 48

Abbildung 10: Rahmen für ein Controlling nach Scholz 51

Abbildung 11: Typische Call Center-Organisation mit Front- und Back Office-
Bereich 72

Abbildung 12: Virtuelles CTI-Call Center der Citibank Privatkunden AG 76

A.	Auflage
ACD	Automatic Call Distribution
AG	Aktiengesellschaft
AGB	Allgemeine Geschäftsbedingungen
Bd.	Band
BGB	Bürgerliches Gesetzbuch
BPR	Business Process Reengineering
bzw.	beziehungsweise
CBM	Computer Based Marketing
CE	Concurrent Engineering
CTI	Computer Telephony Integration
d.h.	das heißt
EDI	Electronic Data Interchange
EDV	Elektronische Datenverarbeitung
EM	Elektronische Märkte
etc.	et cetera
f.	folgende
ff.	fortfolgende
GbR	Gesellschaft bürgerlichen Rechts
ggf.	gegebenenfalls
GmbH	Gesellschaft mit beschränkter Haftung
HMD	Handbuch der maschinellen Datenverarbeitung
Hrsg.	Herausgeber
i.d.R.	in der Regel
IT	Informationstechnologie
IuK-Technologie	Informations- und Kommunikationstechnologie
IVR	Interactive Voice Response
IP	Internet Protocol
Jg.	Jahrgang
Nr.	Nummer
o.J.	ohne Jahr
o.V.	ohne Verfasser
PartGG	Partnerschaftsgesellschaftsgesetz
PN	Projektnetzwerk
S.	Seite

s.	siehe
SN	Strategisches Netzwerk
u.a.	unter anderem
u.U.	unter Umständen
v.a.	vor allem
vgl.	vergleiche
VN	Verbundnetzwerk
Vol.	Volume
VU	Virtuelles Unternehmen
WISU	Das Wirtschaftsstudium
z.B.	zum Beispiel
z.T.	zum Teil
z.Z.	zur Zeit

1 Einleitung

Die Volkswirtschaften unterliegen als Folge der Entstehung des „Informationszeit-alters" und einer Globalisierung der Märkte einem umfassenden Veränderungspro-zeß. In dem Bemühen, Unternehmen in ihrer Effizienz und Effektivität zu stärken und den sich wandelnden Umweltanforderungen anzupassen, wurden eine Viel-zahl neuer Organisationsstrukturen und Führungsstile entworfen und zum Teil in der Praxis umgesetzt.

Das Konzept des „Virtuellen Unternehmens", im folgenden kurz VU, erfreut sich seit der Prägung des Begriffs durch Mowshowitz[1] 1986 ausgesprochener Promi-nenz. Die Vision dabei ist, die Wertschöpfungskette durch kooperative Zusam-menarbeit von Partnern mit spezifischen Kernkompetenzen zu optimieren und dadurch eine besonders kundenorientierte und wettbewerbsfähige Leistungserstel-lung zu erreichen.

Nach einer theoretischen Diskussion der Entstehungsbedingungen von VU soll für diese eine möglichst zweckmäßige Definition gegeben und exemplarisch Wege zum VU beschrieben werden. Ziel dieser Arbeit ist es zu analysieren, welche Ver-änderungen und Anforderungen sich durch virtuelle Organisationsstrukturen für die im besonderen betroffenen betrieblichen Funktionsbereiche ergeben. Im ein-zelnen wird dabei auf personelle, marketing- und controllingbezogene sowie recht-liche Aspekte eingegangen. Der Bereich der informations- und kommunikations-technologischen Unterstützung von VU ist entsprechend seiner Bedeutung für diese in der bereits bestehenden Literatur ausführlich diskutiert worden.[2] Auf eine vertiefte Erörterung wird daher im Rahmen dieser Arbeit verzichtet. Derartige Aspekte werden zudem implizit bei der übrigen Diskussion mitbehandelt.

Im Sinne einer Praxisorientierung des theoretischen Konstrukts VU haben ver-schiedene Autoren dieses Konzept auf konkrete Leistungserstellungszusammen-hänge übertragen bzw. deren Organisationsstrukturen nachgezeichnet. Aufgrund der besonderen Affinität und des Verbreitungsgrades von VU wurden dabei vor-nehmlich Beispiele aus der Informationstechnologie- und Beratungsbranche analy-

---

[1] Mowshowitz, A., 1986, S. 398, brachte im anglo-amerikanischen Sprachraum den Begriff „Virtual Corportion" ein.
[2] Vgl. z.B. Mertens, P./Griese, J./Ehrenberg, D., 1998 oder Arnold, O., 1996.

siert.[3] Doch auch sogenannte Call Center weisen Merkmale auf, die sie für eine Betrachtung unter dem Aspekt einer „Virtualisierung" interessant machen.

Nach einer Darstellung der Einsatzbereiche, Organisation und technischen Unterstützung von Call Centern wird zu diskutieren sein, inwiefern der Terminus des „virtuellen Call Centers" im Sinne eines VUs interpretiert werden kann. Auch für die konkrete Erscheinungsform eines virtuellen Call Centers werden die funktionsbereichsbezogenen Besonderheiten herauszuarbeiten sein. Auf Basis der gewonnenen Erkenntnisse soll schließlich eine Einschätzung vorgenommen werden, inwiefern virtuelle Call Center ein erfolgversprechendes Konzept darstellen.

---

[3] Vgl. z.B. Sieber, P., 1998.

2

2 Theoretische Grundlagen

2.1 Wandel der Märkte zur Kooperation

Unternehmen sehen sich weltweit aufgrund veränderter Umweltbedingungen einem starken Druck ausgesetzt. Der Abbau protektionistischer Maßnahmen bzw. die Integration zu großen Wirtschaftsräumen und die technologische Entwicklung - insbesondere im Bereich der Informations- und Kommunikationstechnologien (IuK-Technologien) sowie der Transporttechnologien - begünstigen das Entstehen globaler Märkte. Als Folge eines steigenden Wettbewerbsdrucks, eines Wandels von Angebots- zu Nachfragemärkten und von kürzeren Produktlebenszyklen müssen Unternehmen eine starke Kundenorientierung entwickeln, neue Geschäftsfelder bzw. gänzlich neue Märkte erschließen und einen hohen Qualitätsstandard ihrer Leistungsprogramme sicherstellen. Die hohe Dynamik heutiger und zukünftiger Märkte erfordert eine hohe Innovationsfähigkeit, kürzere Produktentwicklungszeiten und eine große Flexibilität.

Als Antwort auf die steigenden Anforderungen aus dieser komplexer werdenden Situation setzen Unternehmen verstärkt auf Kooperationen. So begünstigen die absolut hohen Kosten bei der Forschung und Entwicklung das Entstehen von strategischen Allianzen in diesem Bereich.[4] Aber auch die Notwendigkeit intensivierter Marketingaktivitäten, gemeinsame Investitionen -z.B. in Just-in-Time Logistikkonzepte oder IuK-Infrastrukturen - lassen Unternehmenskooperationen entstehen. In welcher Situation sich VU als attraktive Koordinationsform anbieten, wird im folgenden zu diskutieren sein.

2.2 Gestaltung der Leistungstiefe: Transaktionskostenökonomik

Organisatorisch trennbare Aufgaben eines Leistungserstellungsprozesses können prinzipiell unternehmensintern („Make"), unternehmensextern („Buy") oder durch eine Form der zwischenbetrieblichen Kooperation erbracht werden.[5] Während bei der internen Leistungserstellung hierarchische Koordinationsmechanismen wie Anweisungen, Zielvorgaben und Kontrollen im Vordergrund stehen, ist im Fall der externen Leistungserbringung der Preis der typische Koordinationsmechanismus.

---

[4] Vgl. Sell, A., 1995, S. 207.
[5] Vgl. derselbe, 1994, S. 7.

Unternehmensnetzwerke sind - wie Abbildung 1 verdeutlicht - auf dem Kontinuum möglicher Koordinationsmechanismen und Kontrollinstrumente zwischen den „Reinformen" Markt und Hierarchie angesiedelt. Sie sind sowohl in der Lage, „die Nachteile marktlicher und hierarchischer Koordination zu überwinden, als auch ihre Vorteile miteinander zu kombinieren."[6]

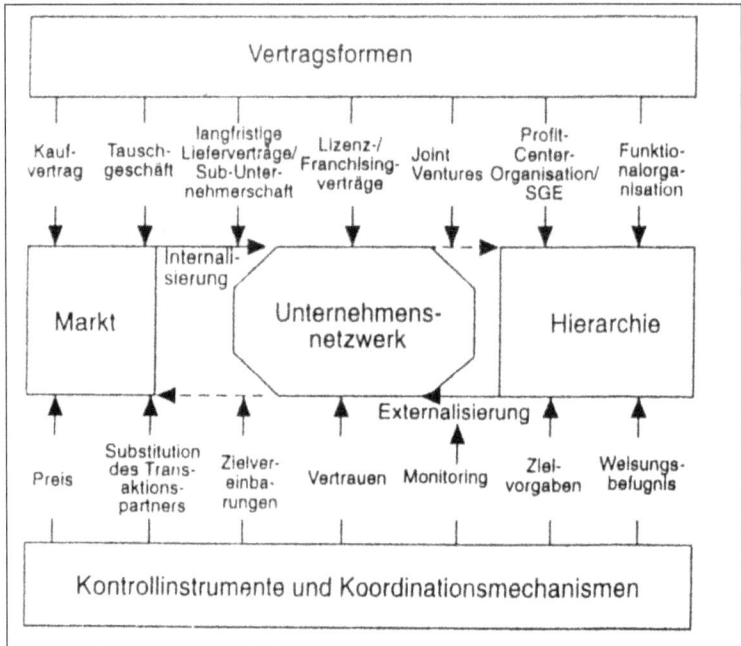

Abbildung 1: Vertragsformen, Koordinationsmechanismen und Kontrollinstrumente[7]

Zur Bestimmung der optimalen Leistungstiefe werden in der Literatur traditionell Kostenvergleichsverfahren, Scoring-Modelle und die Konzeption des sogenannten Transaktionskostenansatzes angeführt.[8] Letzterer geht auf einen Ansatz von R.H. Coase aus dem Jahre 1937[9] zurück, der u.a. von O.E. Williamson[10] in neuerer Zeit wieder aufgegriffen wurde. Anhand dieses Ansatzes lassen sich Konstellationen identifizieren, in denen bestimmte Koordinationsformen besonders wettbewerbsfähig sind.

---

[6] Wildemann, H., 1997, S. 420.
[7] Derselbe, 1996, S. 20.
[8] Vgl. dazu Sell, A., 1994, S. 30ff.
[9] Siehe Coase, R.H., 1937.

4

Transaktionskosten sind die Kosten, die die Organisation einer Transaktion, d.h. einer Tauschaktivität, verursacht. Sie entstehen bei marktlicher Koordination ebenso wie bei hierarchisch organisierten Leistungserstellungsprozessen.[11] In Anlehnung an die Phasen einer Transaktion lassen sich nach Picot Transaktionskosten wie folgt kategorisieren:[12]

- Anbahnungskosten (z.b. Kosten der Informationssuche über potentielle Lieferanten oder Abnehmer)

- Vereinbarungskosten (z.b. Verhandlungskosten und Kosten der Vertragsformulierung)

- Abwicklungskosten (z.b. Kosten der Steuerung des Prozesses der Aufgabenerfüllung)

- Kontrollkosten (z.B. Kosten der Überwachung vereinbarter Termine, Qualitäten, Mengen, Preise und Geheimhaltungsabsprachen)

- Anpassungskosten (z.b. Kosten für die Durchsetzung von Terminen, Qualitäts-Mengen- und/oder Preisänderungen aufgrund veränderter Bedingungen während der Laufzeit der Vereinbarung)

Um die unter Transaktionskostengesichtspunkten kostengünstigste Koordinationsform und damit die optimale Leistungstiefe zu bestimmen, muß im Sinne einer stärkeren Operationalisierbarkeit auf die Determinanten der Transaktionskosten eingegangen werden.

Nach Williamson haben die situativen Faktoren Spezifität, Unsicherheit, und Häufigkeit der Transaktion Einfluß auf ihre Höhe und damit die Vorteilhaftigkeit von alternativen Koordinationsformen.[13] Weitere Einflußfaktoren betreffen die Infrastruktur für Transaktionen: neben rechtlichen sind hier v.a. technologische Rahmenbedingungen zu nennen.[14]

Hohe Investitionskosten in spezifische Produktionsfaktoren beinhalten das Risiko opportunistischen Verhaltens und führen zu hohen Kosten der Vertragsausge-

---

[10] Siehe Willamson, O.E., 1985.
[11] Vgl. Sell, A., 1994, S. 38.
[12] Vgl. Picot, A., 1993, S. 107.
[13] Vgl. Benkenstein, M., 1994, S. 486.
[14] Vgl. Sell, A., 1994, S. 42.

staltung und -überwachung. Die Transaktionskostendeterminante „Spezifität" kann weiter in die Spezifität

- des Sachkapitals,
- des Standortes,
- gemeinsam getätigter Investitionen bzw. zweckgebundener Sachwerte,
- der Human Resources[15] und
- eine Art zeitlicher Spezifität[16]

differenziert werden.

Der Faktor Unsicherheit hat - wie die Möglichkeit von Opportunismus - zur Folge, daß die Vertragspartner eine Risikoprämie einkalkulieren, was die Transaktionskosten über marktliche Koordination verteuert. Unsicherheit über spätere Umweltzustände oder über den genauen Transaktionsgegenstand spricht damit tendenziell für eine Internalisierung.[17] Je häufiger schließlich Transaktionen erforderlich sind, desto eher können Transaktionskosten durch interne Leistungserstellung gesenkt werden.

Da i.d.R. jeweils mehr als eine Einflußgröße entscheidungsrelevant ist bzw. diese z.T. interdependent sind, ist eine mehrdimensionale Betrachtung angebracht.[18] Anhand der Determinanten „Häufigkeit" und „Spezifität" können - wie Abbildung 2 zeigt - für bestimmte Konstellationen Aussagen darüber getroffen werden, welche Koordinationsformen tendenziell vorteilhaft sind.

---

[15] Vgl. Tuma, A./Haasis, H.-D., o.J., S. 7f.
[16] Vgl. Garbe, M., 1997, S. 22f.
[17] Vgl. Sell, A., 1994, S. 42f.
[18] Vgl. ebenda, S. 43.

Transaktionsspezifische Investitionen		
gering	mittel	Hoch

Häufig-	gering	Markt	Virtuelle Unter-nehmen	
keit	hoch	Kontrolle	langfristige Ko-operationen	Kooperierende Unternehmen

Abbildung 2: Transaktionskostentheoretische Evaluation von Koordinationsme-chanismen bei zwei Determinanten nach Williamson[19]

Im Zuge des technischen Fortschritts können Transaktionskosten durch den Einsatz kostengünstiger IuK-Technologien sinken und dadurch bestimmte Transaktionen bzw. Koordinationsformen in ihrer Vorteilhaftigkeit verbessern. Dieser Zusammenhang soll anhand der genannten Arten von Spezifität dargestellt werden. Aufgrund der „besonderen Bedeutung von spezifischen Investitionen bei der 'separaten und diskriminierenden Zuordnung' der Transaktionen in effiziente Koordinationsstrukturen"[20] soll sich auf diese Dimension beschränkt werden.

Die Bedeutung der Spezifität des Standortes nimmt durch gezielte IuK-Nutzung tendenziell ab, da Unternehmen durch eine Distanz- und Suchkostendegression nicht mehr in einer so starken geographischen Abhängigkeit zueinander stehen.[21] Der Einsatz sogenannter „computer based multi-purpose" Anlagen führt zu weniger spezifisch einsetzbarem Sachkapital und damit sinkenden Transaktionskosten. Dies ist auch der Fall bei gemeinsam vorgenommenen bzw. zweckgebundenen Investitionen. Zwar können erst durch IuK-Technologieeinsatz entstandene Anwendungen wie „Groupwork" und „Joint Research & Development" die Spezifität der Human Resources senken, doch in Bereichen, die physische Anwesenheit oder spezifische soziale Kompetenzen der Mitarbeiter erfordern, trifft dies nicht zu. Der für die kooperative Zusammenarbeit so wichtige Faktor des Vertrauens bleibt

---

[19] Nach Tuma, A./Haasis, H.-D., o.J., S. 9 und Williamson, O.E., 1985.
[20] Garbe, M., 1997, S. 16.
[21] Vgl. ebenda, S. 21.

ebenfalls unbeeinflußt.[22] Damit verbleibt die Spezifität der Human Resources für VU ein kritischer Punkt.[23]

In der Gesamtwirkung[24] ist durch den Einfluß von IuK-Technologien der Tendenz nach von einer Reduktion der Faktorspezifität auszugehen.[25] Wie Abbildung 3 verdeutlicht, wird eine Transaktion t mit dem Spezifitätsgrad S_t transaktionskostenoptimal in einem hybriden System koordiniert. Durch den Einsatz von IuK-Technologien kann die Spezifität auf $S`_t$ gesenkt werden. Dann ist der Markt der optimale Koordinationsmechanismus bei von $TC_t$ auf $TC`_t$ gesunkenen Transaktionskosten. Generell gewinnen durch den IuK-Einsatz die auf dem Spektrum dem Marktpol näheren Koordinationsformen an Effizienz. Hybride Systeme, wie Netzwerkorganisationen, ersetzen bei IuK-Einsatz tendenziell vorher hierarchisch koordinierte Systeme.

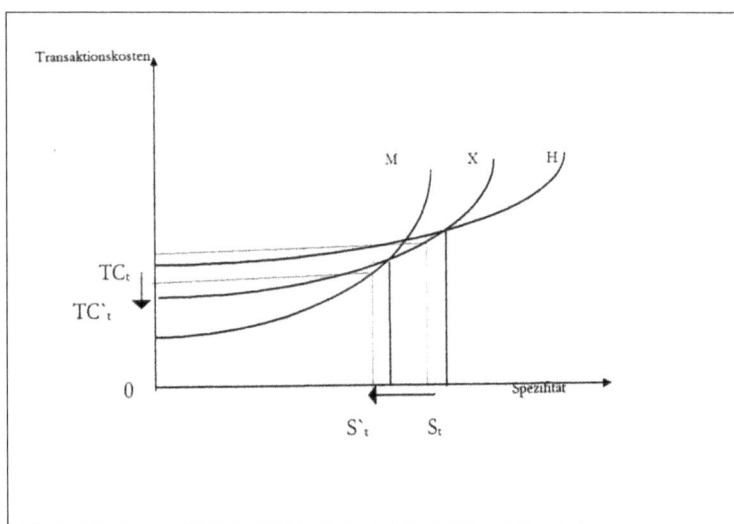

Abbildung 3: Einfluß von IuK-Technologien auf die Spezifität[26]

---

[22] Vgl. ebenda, S. 22.
[23] Vgl. Tuma, A./Haasis, H.-D., o.J., S. 8.
[24] Neben der Wirkung auf die Faktorspezifität ist auch ein direkter Einfluß von IuK-Technologien auf die fixen und variablen Transaktionskosten zu berücksichtigen. Siehe hierzu Picot, A./Reichwald, R./Wigand, R.T., 1996.
[25] Vgl. Garbe, M., 1997, S. 20.
[26] Picot, A./Reichwald, R./Wigand, R.T., 1996, S. 72.

Theoretisch optimal ist in dem genannten Kontext zwar diejenige Koordinationsform mit den geringsten Transaktionskosten, doch diese lassen sich nur schwer in
monetären Einheiten ausdrücken.[27] Der Transaktionskostenansatz berücksichtigt
nicht, daß bei alternativen Koordinationsformen i.d.R. unterschiedliche Produkti-
onskosten anfallen. So können etwa durch interne Leistungserstellung sogenannte
Economies of Scale und Scope oder das Entstehen von Marktmacht genutzt werden.[28] Zudem gibt es Entscheidungstatbestände bei der Wahl der Leistungstiefe,
bei denen Kostenaspekte zugunsten anderer Aspekte in den Hintergrund treten.
Dies kann insbesondere bei strategischen Überlegungen über die Wirkung auf die
technologische Kompetenz, über Kontrollumfänge bei der Leistungserstellung,
über die Sicherung von Beschaffungs- und Absatzmärkten, etc. der Fall sein. Zur
Berücksichtigung derartiger Aspekte empfehlen sich Scoring-Modelle und Feasibi-
lity-Studien zur zusätzlichen Absicherung einer konkreten Entscheidungsaufgabe.

2.3 Entwicklung zum Virtuellen Unternehmen

Wie beschrieben führen die Veränderungen der Rahmenbedingungen des Wirt-
schaftens dazu, daß Kooperationsformen - und insbesondere die Organisationsform VU - Wettbewerbsvorteile nutzen können. Doch obwohl der Begriff VU als
Modewort bezeichnet werden kann, existiert keineswegs eine wirklich allseits
anerkannte Definition. Es erscheint daher notwendig, das dieser Arbeit zugrunde
liegende Begriffsverständnis darzulegen und eine Typisierung von VU vorzuneh-
men.

Die Konzepte des sogenannten Business Process Reengineering (BPR) und des
Concurrent Engineering (CE) werden exemplarisch als mögliche Management-
konzepte auf dem Wege der Virtualisierung von Unternehmensstrukturen vorge-
stellt, da diese besonders deutlich Tendenzen zu Charakteristika aufweisen, wie sie
VU zugeschrieben werden. Es wird daran einerseits deutlich, daß der Begriff VU
seine Wurzeln in einigen schon vor Jahren entwickelten Managementkonzepten
hat, und andererseits die Virtualisierung von Unternehmensstrukturen aus unterschiedlichen Ausgangslagen und auf unterschiedlichen Wegen erfolgen kann.

---

[27] Vgl. Sell, A., 1994, S. 41.

9

2.3.1 Begriffsbestimmung und Typisierung Virtueller Unternehmen

Dem dynamischen Charakter dieser Organisationsform würde es nicht gerecht, sie als „endgültigen" Zustand zu definieren. VU sind „weniger Endpunkt (im Sinne von Ziel) einer Entwicklung, als vielmehr ein nur umrißhaft beschreibbarer Weg".[29] An Versuchen einer Begriffsbestimmung fehlt es dennoch nicht.[30] Dieser Vielfalt soll hier nicht ein weiterer, singulärer Definitionsversuch hinzugefügt werden, sondern an bestehende Ansätze angeknüpft werden.

VU zählen zu den netzwerkartigen Kooperationsformen zwischen rechtlich unabhängigen Unternehmen, die i.d.R. zeitlich begrenzt eine Leistung auf Basis eines gemeinsamen Geschäftsverständnisses erbringen. Die kooperierenden Einheiten beteiligen sich am Wertschöpfungsprozeß vorrangig mit ihren Kernkompetenzen und treten gegenüber Dritten wie ein einheitliches Unternehmen auf. Es wird auf die Institutionalisierung zentraler Managementfunktionen zur Gestaltung, Lenkung und Weiterentwicklung des VUs weitgehend verzichtet und der notwendige Koordinations- und Abstimmungsbedarf durch geeignete IuK-Systeme und Selbstabstimmung gedeckt.[31]

Zur Einordnung von VU in die Formen netzwerkartiger Kooperationen können - wie Abbildung 4 zeigt - die Kriterien Steuerungsform (polyzentrisch vs. fokal) und Stabilität der Konfiguration (stabil vs. instabil) herangezogen werden. VU zählen zu den polyzentrischen und instabilen Netzwerken. Ist ein instabiles Netzwerk fokal ausgerichtet, spricht man von Projektnetzwerken (PN), während stabile und polyzentrische Netzwerke als Verbundnetzwerke (VN) bezeichnet werden. Strategische Netzwerke (SN) sind fokal ausgerichtet und stabil.[32]

---

[28] Vgl. Schräder, A., 1996, S. 49f.
[29] Krystek, U./Redel, W./Reppegather, S., 1997, S. 341.
[30] Zu einer aktuellen Übersicht vgl. Schräder, A., 1996, S. 23ff.
[31] In Anlehnung an Arnold, O./Faisst, W./Härtling, M./Sieber, P., 1995, S. 10.
[32] Vgl. Wohlgemuth, O./Hess, T., 1999, S. 5f.

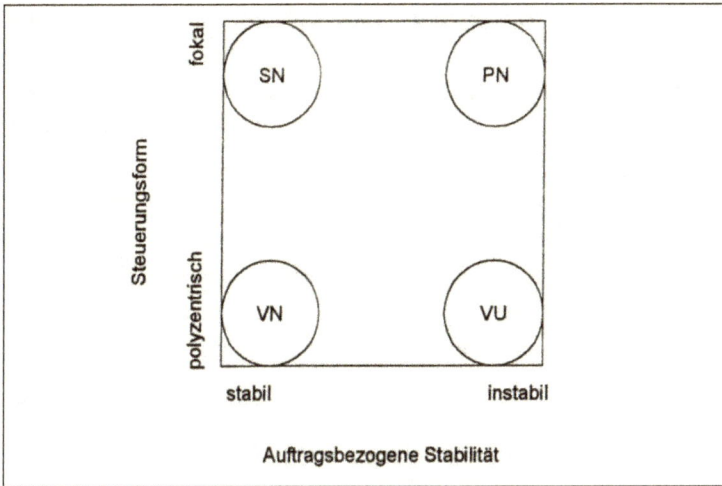

Abbildung 4: Grundtypen von Unternehmensnetzwerken[33]

Zum Begriffsverständnis kann auch eine Abgrenzung gegen andere Unternehmensverbindungen dienlich sein. Im Gegensatz zu Konzentrationsformen, wie z.B. Konzerne und Fusionen, basieren VU gewöhnlich nicht auf einem Beherrschungsvertrag und finanziellen Beteiligungen und besitzen keine institutionalisierte einheitliche Leitung. Von Kartellen unterscheiden sich VU dahingehend, daß die Bildung eines VUs nicht vorrangig der Beschränkung des Wettbewerbs dient. Es bedarf zu ihrer Bildung - im Gegensatz zu einem Joint-Venture - keiner Neugründung eines rechtlich selbständigen Unternehmens. Strategische Allianzen sind tendenziell auf einzelne Geschäftsfelder ausgerichtet und bestehen neben dem eigentlichen Kerngeschäft, während VU vorrangig Kerngeschäfte umfassen, bei denen die Verbindung der Kooperationspartner um so enger ist. Bei Konsortien wird die Einbringung von Kernkompetenzen weniger betont als bei VU. Sie werden meist als Gesellschaft bürgerlichen Rechts errichtet, während VU i.d.R. ohne eigene Rechtspersönlichkeit entstehen. Konsortien sind meist mit sehr umfangreichem formalen Beiwerk errichtet und folgen bewährten Mustern.[34] Keiretsu, die japanische Variante strategischer Netzwerke, unterscheiden sich vom VU durch die hierarchische Organisationsstruktur und die definitive Langfristigkeit der Bindungen. Auf Elektronischen Märkten, bei denen es wie bei VU möglich ist, daß

---

[33] Ebenda, S. 6.
[34] Vgl. Mertens, P./Faisst, W., 1995, S. 65.

ein Koordinationsmechanismus für die Austauschbeziehungen auf Basis von IuK-Technologien existiert, werden eher standardisierte Leistungen gehandelt. Bei VU liegt der Fokus dagegen auf der Erstellung spezifischer Leistungen.[35]

Eine Typisierung von VU kann zunächst an der institutionellen Sichtweise obiger Begriffserklärung anknüpfend vorgenommen werden. Zur Operationalisierung des Virtualitätsbegriffs ist zu fragen, inwiefern einzelne Kriterien zur Beurteilung des Virtualitätsgrades erfüllt sind. Um Vergleiche zwischen mehreren Unternehmen anstellen zu können, werden - wie Abbildung 5 anhand hierfür relevanter Kriterien zeigt - die entsprechenden Ausprägungen in einem Diagramm dargestellt.

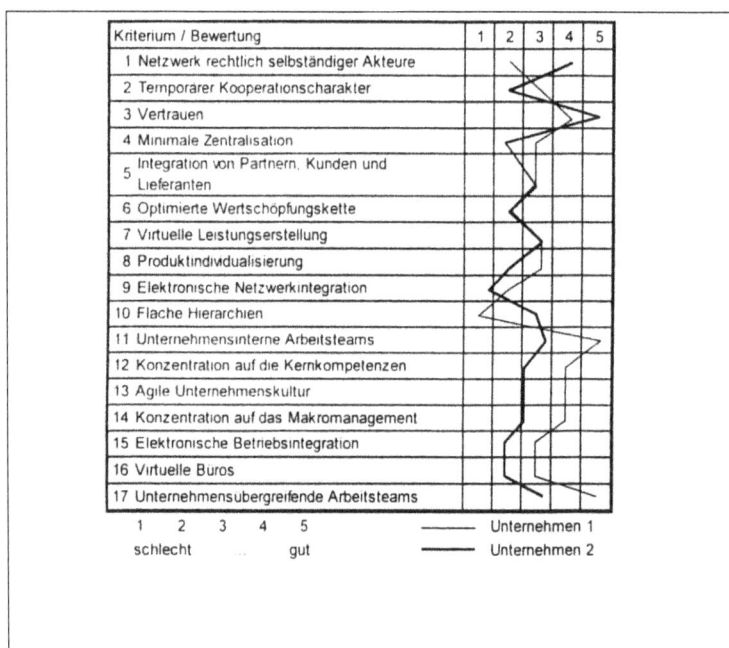

Kriterium / Bewertung	1	2	3	4	5
1 Netzwerk rechtlich selbständiger Akteure					
2 Temporärer Kooperationscharakter					
3 Vertrauen					
4 Minimale Zentralisation					
5 Integration von Partnern, Kunden und Lieferanten					
6 Optimierte Wertschöpfungskette					
7 Virtuelle Leistungserstellung					
8 Produktindividualisierung					
9 Elektronische Netzwerkintegration					
10 Flache Hierarchien					
11 Unternehmensinterne Arbeitsteams					
12 Konzentration auf die Kernkompetenzen					
13 Agile Unternehmenskultur					
14 Konzentration auf das Makromanagement					
15 Elektronische Betriebsintegration					
16 Virtuelle Büros					
17 Unternehmensübergreifende Arbeitsteams					

1	2	3	4	5			
schlecht			gut		———	Unternehmen 1	
					▬▬▬	Unternehmen 2	

Abbildung 5: Darstellung der Virtualität nach dem Grad der Erfüllung von Kriterien[36]

---

[35] Vgl. dieselben, 1996, S. 7ff.
[36] Mertens, P./Griese, J./Ehrenberg, D., 1998, S. 10.

Eine andere Typisierung - wie Abbildung 6 zeigt - betrifft die der Dauerhaftigkeit der Beziehungen zwischen den Kooperationspartnern. Da bei sich bietenden Marktchancen oftmals für die Konfiguration des VUs nur wenig Zeit zur Verfügung steht, kommt dem Faktor Vertrauen eine besondere Bedeutung zu. Oftmals finden sich daher Unternehmen aus einem Netzwerk zusammen, die aus vorangegangenen Projekten über die Arbeitsweise potentieller Partner bereits vertrauenserweckende Hinweise bekommen haben (VU-Typ A). Hier zeigen sich gewisse Ähnlichkeiten zum japanischen Keiretsu-Modell. Besonders dann, wenn innerhalb des Pools bestimmte Kernkompetenzen nicht oder nicht ausreichend vorhanden sind, wird auf ein oder mehrere „fremde" Unternehmen zurückgegriffen, die sich im Bewährungsfall dem Pool anschließen können (VU-Typ B). Ebenfalls denkbar ist, daß sich Unternehmen, zwischen denen vorher keine Beziehung bestand (VU-Typ C), spontan zum VU zusammenfinden.[37]

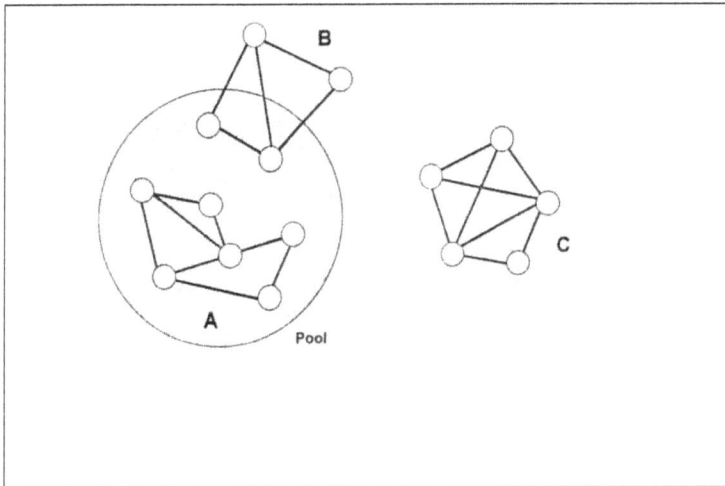

Abbildung 6: Typen Virtueller Unternehmen nach der Dauerhaftigkeit der Beziehungen[38]

2.3.2 Broker und Leader in Virtuellen Unternehmen

Der Begriff des Brokers im Zusammenhang mit Unternehmensnetzwerken stammt von Miles und Snow.[39] Die Rolle des Brokers, in der Literatur u.a. auch Promoter

---

[37] Vgl. ebenda, 1998, S. 11.

genannt[40], wird oftmals durch ein einzelnes Unternehmen oder eine einzelne Person innerhalb des VUs wahrgenommen, sie kann aber auch gemeinschaftlich durch die am VU beteiligten Kooperationspartner übernommen werden. Je mehr zentrale Managementfunktionen institutionalisiert sind und je mehr eine hierarchische Gliederung der Kooperationspartner vorliegt, desto stärker weicht dies vom idealtypischen VU-Konzept ab. Im Gegensatz zu einem Broker an Wertpapierbörsen gehen die Aufgaben im VU über das reine Vermitteln hinaus. Als Initiator des VUs sucht und erkennt er Marktchancen, wählt geeignete, kompetente und sich ergänzende Partner für die Mission aus und koordiniert diese.[41] Dabei bewertet er - etwa durch das sogenannte Kernkompetenz-Benchmarking[42] - permanent die sich im VU und im Partnerpool befindlichen Unternehmen, um eine Informationsgrundlage zur Auswahl z.B. für zukünftige Missionen zu haben und um dem angestrebten wettbewerblichen Moment im VU Rechnung zu tragen. So kann, sollte dies etwa aufgrund veränderter Umweltbedingungen oder durch „Ausfall" eines VU-Mitgliedes notwendig werden, schnell eine fundierte Modifikationsentscheidung der virtuellen Wertschöpfungskette getroffen werden.

Interne Netzpflege kommt besonders in Betracht, wenn sich das VU aus einem Partnerpool (VU-Typ A und B) gebildet hat. Hier übernimmt der Broker Support- und Managementfunktionen[43] und trägt Sorge für die Weiterentwicklung der Partnerpool-Mitglieder. Nach außen hin ist die Präsentation des VUs mit seinen Leistungen eine der wichtigsten Aufgaben des Brokers. Dies schließt die Akquisition von Aufträgen ebenso ein, wie den direkten Kundenkontakt bei dem der Broker oftmals die Schnittstelle zum Kunden darstellt und die interne Aufgabenverteilung und Koordination des Auftrags übernimmt.[44]

Im Konfliktfall zwischen Interessen des VUs und einzelner Mitglieder oder zwischen Mitgliedern untereinander tritt der Broker als Koordinator auf. Um gegenseitiges Vertrauen aufzubauen, fördert er die Kommunikation unter den beteiligten Unternehmen. Aufgrund seiner exponierten Stellung besitzt er eine Autorität, dank derer er glaubwürdig die Sanktion des Ausschlusses von zukünftigen Aufgaben

---

[38] Ebenda.
[39] Vgl. Miles, R./Snow, C., 1984, S. 19.
[40] Zu einer umfangreichen Zusammenstellung von auf die Brokerrolle abzielender Termini vgl. Faisst, W./Birg, O., S. 2.
[41] Vgl. Mertens, P./Griese, J./Ehrenberg, D., 1998, S. 12.
[42] Vgl. Boos, F./Jarmai, H., 1994, S. 24.
[43] Z.B. Qualitätskontrolle, Schulungen, Bereitstellung einer gemeinsamen IuK-Infrastruktur und eines Berichtwesens, etc.
[44] Vgl. Mertens, P./Griese, J./Ehrenberg, D., 1998, S. 14.

androhen und durchsetzen kann. An dieser Stelle muß unterschieden werden, ob der Broker seine Rolle idealtypischerweise in hierarchisch-pyramidal oder polyzentrisch ausgerichteten Unternehmensnetzwerk wahrnimmt.[45]

Wird die Rolle des Brokers aufgrund seiner Größe, seines Zugangs zu Absatzmärkten oder seiner finanziellen Ressourcen von einem strategisch führenden, fokalen Unternehmen wahrgenommen, kann dieses als Leader bezeichnet werden. Eine solche Konstruktion, von Miles und Snow als stabiles Netzwerk bezeichnet,[46] entsteht oftmals durch stufenweises Outsourcing eines vorher homogenen Unternehmens.[47] Zur Reduzierung des Koordinationsaufwands des fokalen Unternehmens ist in hierarchisch-pyramidalen Netzwerken oftmals zu beobachten, daß komplexe Systemlösungen nur noch von wenigen unmittelbar abhängigen Lieferanten im Wege des sogenannten „Modular Sourcing" bezogen werden. Die Koordination mit weiteren in vertikaler Wertschöpfungsrichtung mittelbar abhängigen Sublieferanten wird an diese Systemlieferanten delegiert. In derartigen Netzwerken kommen eher der Hierarchie nahe Koordinationsmechanismen wie Vorgaben, Anweisungen und Kontrollen zum Einsatz. Die Ressourcenabhängigkeit vom fokalen Unternehmen führt dazu, daß die Netzwerkpartner sich prinzipiell stark an den Zielen des fokalen Unternehmens ausrichten.[48]

In eher polyzentrisch ausgerichteten Netzwerken besteht ein größeres Autonomiepotential der Netzwerkpartner, und es existieren relativ homogene, gegenseitige Abhängigkeiten. Die Aufteilung von Koordinationskompetenzen ergibt sich oft nach der Spezialisierung der einzelnen Netzwerkeinheiten, die allein für einen bestimmten Ausschnitt des Leistungsprogramms verantwortlich sind. Dies ist oftmals in Netzwerken von Unternehmen der gleichen Wertschöpfungsstufe anzutreffen. Wegen des Fehlens einer das Netzwerk dominierenden Einheit muß die Zusammenarbeit sich an Zielen orientieren, über die zuvor ein Konsens erzielt wurde. Für die Abstimmung der Interdependenzen zwischen den einzelnen Unter-

---

[45] Zur Koordination von Unternehmensnetzwerken vgl. Wildemann, H., 1997, S. 417ff.
[46] Vgl. Snow, C./Miles, R./Coleman, H., 1992, S. 12. Dort wird auch das dem VU-Konzept nähere dynamische Netzwerk diskutiert. Im Unterschied zum stabilen Netzwerk besteht dieses aus spezialisierten unabhängigen Unternehmen, die der Broker zur gemeinsamen Leistungserstellung entsprechend ihrer Kompetenzen für eine begrenzte Zeit zusammenfügt und während dieser Zeit koordiniert.
[47] Vgl. Mertens, P./Griese, J./Ehrenberg, D., 1998, S. 15.
[48] Vgl. Wildemann, H., 1997, S. 423ff.

nehmen schlägt Wildemann die Bildung von Gremien vor.[49] Ebenso ist die Gestaltung entsprechender Anreiz- und Sanktionsmechanismen zu gewährleisten.[50]

2.3.3 Organisatorische Konzepte

2.3.3.1 Business Process Reengineering

Seit der erstmaligen Veröffentlichung des Konzeptes des Business Process Reengineering (BPR) im Jahre 1990 von Michael Hammer[51] wird es „von geradezu sensationellen Erfolgsmeldungen"[52] über Verbesserungen in den wichtigsten meßbaren Leistungsgrößen wie Kosten, Qualität und Zeit begleitet. Dabei führt die konsequente Umsetzung eines radikalen Redesigns von Unternehmensprozessen und -strukturen fast zwangsläufig zu virtuellen Strukturen.[53]

Die von Michael Hammer und James Champy gegebene Kurzdefinition des BPR „... ganz von vorne anfangen"[54] setzt bei der fundamentalen Fragestellung an, *was* eine Unternehmung tun sollte, und wendet sich erst danach der Fragestellung zu, *wie* dies geschehen sollte.[55] Es geht bei BPR nicht nur um Strukturanpassungen, wie sie in Downsizing- und Reorganisationsprogrammen primär angestrebt werden. Vielmehr geht es um die *grundlegende* Neugestaltung von Abläufen und Prozessen, letztlich um die Schaffung eines neuen Unternehmens. Beim Redesign von Schlüsselprozessen in Unternehmungen kommt es zur Überwindung erstarrter Strukturen und Grenzen zugunsten fließender Prozesse.[56] Dies bedeutet eine vollständige Abkehr von inkrementellen organisatorischen Veränderungen konventioneller Art. Erst dadurch können die in Aussicht gestellten Verbesserungen um Quantensprünge[57] erzielt werden.

Der vielleicht wichtigste Schlüsselbegriff des Konzeptes des BPR sind „Unternehmensprozesse".[58] Es geht darum, die aus der fragmentarisch-spezialisierten Arbeitsteilung resultierende Ineffizienz durch neue ganzheitlich-prozeßorientierte

---

[49] Vgl. ebenda, S. 426.
[50] Vgl. ebenda, S. 425f.
[51] Siehe Hammer, M., 1990, S. 104ff.
[52] Krystek, U./Redel, W./Reppegather, S., 1997, S. 343.
[53] Vgl. ebenda; ähnlich Servatius, H.-G., 1994, S. 23.
[54] Hammer, M./Champy, J., 1993, S. 47.
[55] Vgl. ebenda, S. 49.
[56] Vgl. Servatius, H.-G., 1994.
[57] Vgl. Hammer, M./Champy, J., 1993, S. 48, 50.

Organisationsstrukturen abzubauen. Oftmals können Reibungsverluste erzeugende Schnittstellen beseitigt, Komplexität reduziert, der gesamte Prozeßablauf beschleunigt, Flexibilität erhöht und die Qualität gesteigert werden. Typischerweise kommt es zu einem Abbau von Hierarchien und zu einer Dezentralisierung von Entscheidungskompetenzen bei dennoch klarer Festlegung von Prozeßverantwortlichkeiten. Die Beachtung der auf ganzheitliche Aufgabenerfüllung und integrative Prozeßgestaltung ausgerichteten Grundprinzipien des Redesigns führt zu fundamentalen organisatorischen Veränderungen innerhalb der Unternehmung. Sie finden ihren Ausdruck hauptsächlich in teambasierten Organisationsformen,[59] die zu einem neuen Verständnis der Mitarbeiter für das Gesamtergebnis und das Unternehmen führen.

BPR-Programme orientieren sich explizit daran, Potentiale am Kundennutzen auszurichten. Dabei muß die Frage nach den eigenen Kernfähigkeiten und deren optimalem Einsatz gestellt werden. Strategische Basis von BPR-Programmen ist die Identifikation und Definition von Kernkompetenzen.[60] Diese stellen gebündelte Fähigkeiten und Technologien dar, die zukunftsorientiert einen Beitrag zum Kundennutzen stiften, einzigartig gegenüber der Konkurrenz machen und ausbaufähig sind.[61] Durch die Konzentration auf solche Kernkompetenzen nimmt die Notwendigkeit strategisch orientierter „Make-or-Buy"-Entscheidungen und zur Kooperation über Unternehmensgrenzen hinweg zu. Damit erfolgt eine Weichenstellung in Richtung einer Aufweichung interorganisatorischer Grenzen.[62]

Das Konzept des BPR ist keinesfalls klar und eindeutig definiert, vielmehr existieren hiervon Varianten.[63] In seiner amerikanischen Urform zeichnet es sich durch seine besondere Radikalität und konsequente Top-Down-Orientierung aus. Dagegen schlägt Servatius statt eines revolutionären ein eher evolutionäres Reengineering vor und weist auf eine Vernachlässigung von Humanaspekten und den speziell für virtuelle Organisationen wichtigen Faktor des Vertrauens hin.[64] Gaitanides führt an, daß auch die Option eines partiellen Einsatzes von BPR besteht. So kann u.U. eine nachhaltigere Effizienzsteigerung durch die Beschleunigung oder Quali-

---

[58] Vgl. Krystek, U./Redel, W./Reppegather, S., 1997, S. 345.
[59] Vgl. ebenda, S. 356ff.
[60] Vgl. ebenda, S. 356.
[61] Vgl. Hamel, G./Prahalad, C.K., 1995, S. 35ff.
[62] Vgl. Krystek, U./Redel, W./Reppegather, S., 1997, S. 357.
[63] Vgl. ebenda, S. 350ff.
[64] Siehe Servatius, H.-G., 1994, S. 16ff.

tätssteigerung nur eines Kernprozesses erreicht werden, als der Neuentwurf des Prozeßmodells des gesamten Unternehmens.[65]

Die herausragende Bedeutung einer umfassenden Nutzung innovativer IuK-Technologien gilt für den Erfolg von BPR als allgemein unbestritten.[66] Damit sind diese ebenso für BPR ein wesentlicher Träger wie für VU. Die durchgehende Prozeßorientierung führt im Ergebnis nicht nur zu einer Aufweichung der Außengrenzen des Unternehmens, sondern auch zu einer Auflösung intraorganisatorischer Grenzen. Ursprünglich hierarchische, pyramidenhafte und funktionalorientierte Baumstrukturen werden durch flache, hierarchiearme Gruppen abgelöst. Der Einsatz von BPR führt durch seine Anlage schnell, grundlegend und nahezu unumkehrbar zu virtuellen Strukturen.

2.3.3.2 Concurrent Engineering

Der insbesondere für VU charakteristische Wettbewerbsvorteil der schnellen Reaktion auf Marktsignale kann durch Einsatz von Concurrent Engineering (CE) angestrebt werden. Dieser Terminus wurde im Rahmen eines DARPA-Programms[67] als strategisches Instrument zur Verbesserung der militärisch-industriellen Zusammenarbeit in den USA geprägt, und ist mit dem in Europa favorisierten „Simultaneous Engineering" weitgehend synonym. Es handelt sich um einen systematischen Managementansatz zur integrierten und kundenorientierten Produkt- und Prozeßgestaltung, der auf Innovationspotentiale durch Teamarbeitsformen und Einsatz moderner IuK-Technologien setzt. CE bedeutet die Integration aller Funktionen, die dafür verantwortlich sind, neue Produkte unter Reduzierung der Fertigungskosten und der Lieferzeiten auf den Markt zu bringen.[68]

Als wichtigstes strategisches Ziel des CE wird die Entwicklungszeitverkürzung angeführt.[69] Dadurch kann ein früherer Markteintritt mit entsprechenden Pionierrenten, einer Positionierung als Marktführer und einem Know-how-Vorsprung

---

[65] Vgl. Gaitanides, M., 1995, S. 73.

[66] Vgl. Krystek, U./Redel, W./Reppegather, S., 1997, S. 364; ähnlich Hammer, H./Champy, J., 1993, S. 112.

[67] DARPA (Defense Advanced Research Projects Agency) koordiniert die Forschung des US-Verteidigungsministeriums.

[68] Vgl. Williamson, I., 1993, S. 43.

[69] Vgl. ebenda.

realisiert werden. Die Beschleunigung des Entwicklungsprozesses wird erreicht durch eine Abkehr vom traditionell-sequentiellen ablauforganisatorischen Vorgehen zugunsten simultan-integrierter Prozesse. Es wird verzichtet auf eine formale, streng strukturierte, phasenweise und abteilungsabhängige Organisation. Stattdessen wird auf eine flexible, interdisziplinäre und am zu entwickelnden Produkt orientierte Zusammenarbeit gesetzt, bei der möglichst alle Beteiligten frühzeitig eingebunden werden. Diese ganzheitliche Betrachtungsweise kann durch die frühzeitige Erfassung der Anforderungen aller Bereiche an das Produkt, die Produktionsmittel und die Fertigungsprozesse die zunehmende Komplexität in der Produktentwicklung besser bewältigen, und schafft damit einen Wettbewerbsvorteil. Flache Organisationsstrategien und Teamwork beschleunigen Entscheidungsprozesse und Reaktionsmöglichkeiten. Sie verbessern die Kommunikation und Kooperation aller Beteiligten. Zeitaufwendige Übergaben zwischen Entwicklungsphasen und -teams können verkürzt werden.

Es ergibt sich eine zunehmende Aufweichung intra- wie interorganisatorischer Grenzen, da zur Einbeziehung unterschiedlichen Know-hows nicht nur intern funktionsübergreifend zusammengearbeitet wird, sondern auch verstärkt externe Partner einbezogen werden. Diese können verschiedenartig mit dem VU assoziiert sein. Durch die Mitarbeit von Lieferanten oder Herstellern von Produktionseinrichtungen kann auf zusätzliches Entwicklungspotential zurückgegriffen werden. Die enge Einbeziehung von Kunden hat den Vorteil, daß deren Anforderungen bereits in der Produktentwicklungsphase berücksichtigt werden und so Kosten, die durch etwaige Sonderwünsche entstehen, besser kalkulierbar und durch eine frühere Abstimmung reduzierbar werden. Kosteneinsparpotential liegt auch in der durch CE angestrebten Qualitätssteigerung, da durch eine vorausschauende und bessere Prozeßbeherrschung Qualitätsmängel, Ausschuß und Servicekosten abnehmen.

In der konkreten Umsetzung des strategischen Konzepts CE kann zur Steuerung des Entwicklungsprozesses und der Teams verstärkt auf Methoden des Projektmanagements zurückgegriffen werden. Flexible und zeitlich begrenzte Projektgruppen mit spezifischer Ziel- und Sachausrichtung sind den Anforderungen, die sich aus einer bereichsübergreifenden und innovativen Problemstellung ergeben, besser gewachsen als starre, auf Dauer angelegte Hierarchien. Um Aufgabenüberschneidungen und Doppelarbeiten zu vermeiden, und ein zielgerichtetes Arbeiten zu unterstützen, kommt es auf eine klare und für alle nachvollziehbare Abgrenzung der Aufgaben und Zielsetzungen an. Im Sinne der Motivation der Beteiligten sind der Projektleitung ausreichende Handlungsrechte und Befugnisse zu gewähren. Das Management beschränkt sich darauf, lediglich einen Rahmen vorzugeben, in dessen Grenzen sich das Team selbst organisieren und kontrollieren kann. Dadurch werden Managementressourcen entlastet, und das Team ähnelt mit seiner Initiative, Risikobereitschaft und Zielstellung einem kleinen Unternehmen.

CE setzt beim optimierten Einsatz der kritischen Erfolgsfaktoren insbesondere auf moderne IuK-Technologien. Neben dem Einsatzgebiet der Konstruktion kommt es dabei v.a. auf die informationstechnische Unterstützung von Gruppenarbeit bzw. des CE-Teams an. Es ergibt sich die Forderung nach einem Informationssystem, das jedem Beteiligten den Zugriff auf alle relevanten Informationen ermöglicht und das dem Ziel der Parallelität und Synchronisation der Abläufe Rechnung trägt.

2.4 Stärken und Schwächen Virtueller Unternehmen

Auf Basis der theoretischen Ansätze können VU charakterisierende Stärken und Schwächen herausgearbeitet werden. Der oft einseitige Blick auf die Stärken führt zu einer bisweilen euphorischen Einschätzung des Potentials von VU. Zu einer realistischen Einschätzung bedarf es auch der Würdigung der Schwächen des Konzepts. In der Praxis hängt von der konkreten Ausgestaltung des VUs ab, inwieweit die theoretisch begründbaren Stärken auch realisiert werden können.[70]

Die Kostensituation kann sich in VU durch Beschränkung der Produktionsbandbreite der jeweiligen Partner auf ihre spezifischen Kernkompetenzen bei weitgehendem Verzicht auf die Institutionalisierung zentraler Funktionen wesentlich günstiger als in traditionell organisierten Unternehmen darstellen. Kostenvorteile können realisiert werden, wenn interne und externe Skaleneffekte erzielt werden. Während interne Skaleneffekte auch durch Hierarchie und Markbeziehungen realisiert werden können, ist Kooperation zur Erzielung externer Skaleneffekte die überlegene Koordinationsform. Besonders deutlich wird dieser Vorteil bei der Nutzung von Erfahrungskurveneffekten[71] sowie bei Kooperationen, welche die Marktmacht ihrer Mitglieder bündeln. Gegenüber anderen Kooperationsformen haben VU den Vorteil, daß diese sich nicht auf Teilbereiche der Wertschöpfungskette beschränken, sondern i.d.R. die gesamte Wertschöpfungskette einschließlich der Produktion umfassen und dadurch wesentliche Skaleneffekte erst ermöglichen.

---

[70] Vgl. Schräder, A., 1996, S. 59

20

Eine derartige vertikale Kooperation bedeutet auch eine partielle Sicherung von Zulieferung und Absatz. Gerade bei VU, die neue Produkte oder Dienstleistungen entwickeln, liegen darüber hinaus durch die Zusammenarbeit verschiedenartiger Kooperationspartner und einem intensiven Wissensaustausch Bedingungen vor, die Breiteneffekte entstehen lassen.[72]

Wenn sich Marktchancen bieten, können sich kurzfristig und ohne aufwendige Vertragsformalitäten aus einem Netzwerk mehrere Mitglieder zu einem VU zusammenfinden, um das meist zeitlich vorhandene Marktpotential effizient und effektiv zu nutzen. Die flexible und auf projektorientierte Zusammenarbeit ausgerichtete Struktur von VU verlangt und fördert dabei die Kooperationsfähigkeit der Mitglieder. Diese Eigenschaft erweist sich gerade bei der Anbahnung neuer Kooperationen sowie bei deren Beendigung als transaktionskostengünstig.[73]

Anpassungsvorteile lose gekoppelter Netzwerke gegenüber hierarchischen Koordinationsformen ergeben sich dadurch, daß zwischen den Partnern Marktdruck nicht ausgeschlossen wird. Im Extremfall können unzureichende Leistungen mit einem Ausschluß sanktioniert werden.[74]

Durch VU werden u.a. die Ressourcen Entwicklungskapazität, Produktionskapazität und Zugang zu Distributionskanälen zusammengeführt, um Entwicklungs- und Lieferzeiten zu senken und so schnell auf technologischen Wandel oder veränderte Kundenbedürfnisse reagieren zu können. Durch kurzfristige Reorganisation im Netzwerk können neu benötigte Kompetenzen schnell integriert werden und ermöglichen so eine flexible Reaktionsfähigkeit. Aufgrund der hohen Spezifität und geringen Transferierbarkeit ist die Möglichkeit, Know-how auf Märkten zu erwerben, weniger gegeben.[75] Der Informationsaustausch und die Know-how-Bündelung können in Netzwerken zur Ergänzung und Kombination der Leistungsprogramme und damit zur Erlangung von Systemkompetenz führen, was einen Aufbau von Marktzutrittsbarrieren bewirkt.[76]

Nicht nur im Bereich des Know-hows erschließen sich VU ein Synergiepotential. Die Zusammenarbeit mehrerer VU-Partner ermöglicht es diesen, insgesamt größe-

---

[71] Vgl. Klein, S., 1994, S. 310.
[72] Vgl. Schräder, A., 1996, S. 56f.
[73] Vgl. Olbrich, T.J., 1994, S. 33.
[74] Vgl. Wildemann, H., 1997, S. 429.
[75] Vgl. Schräder, A., 1996, S. 58.

re und komplexere Projekte abzuwickeln als es jeder einzelne könnte. Die Trennung von Tätigkeitsbereich und Wirkungsreichweite vergrößert den wirtschaftlichen Einfluß der beteiligten Unternehmen.[77] Ein sich im VU engagierendes Unternehmen kann so relativ klein bleiben und dennoch eine erhebliche virtuelle Größe erreichen.[78] Aufgrund der Nutzung meist vorhandener Kapazitäten der Mitgliedsunternehmen ist der Kapitalbedarf zum Aufbau eines VUs geringer als bei vergleichbaren konventionell organisierten Unternehmen, was sich vorteilhaft auf die Liquidität auswirkt.[79] Durch die Teilung von Markterschließungsinvestitionen auf die Partner werden Markteintrittsbarrieren für die einzelnen Mitglieder gesenkt. Auch mindern sich Risiken für das einzelne VU-Mitglied, wenn diese auf mehrere Partner verteilt werden.

Die intensive Nutzung hochentwickelter IuK-Systeme macht räumliche Grenzen zunehmend obsolet. Durch eine engere lokale Bindung kann sich einerseits die Ausgangslage auf den Absatzmärkten verbessern, andererseits lassen sich günstige Bedingungen auf ausländischen Beschaffungsmärkten nutzen. Beispielsweise existiert in Indien ein großes Potential an hochqualifizierten naturwissenschaftlich-technisch ausgebildeten Arbeitskräften, die insbesondere im Softwarebereich tätig sind. Die Lohnkosten betragen nur einen Bruchteil von dem Niveau in hochindustrialisierten Ländern.[80]

Mit den aus den ressourcenorientierten Überlegungen resultierenden Stärken und Chancen sind Schwächen und Gefahren eng verbunden. So besteht besonders in VU die Gefahr des Kontroll- und Know-how-Verlustes. Gerade in denjenigen Bereichen, die nicht zu den Kernkompetenzen gehören, ist für die Projektpartner die Vernachlässigung der strategischen Weiterentwicklung von Randkompetenzen eine ernsthafte Gefahr, zu der die leichte externe Beschaffbarkeit benötigten Know-hows in Netzwerken leicht verführen kann.[81]

Eine weitere Gefahr besteht darin, daß die Partner auf vielfältige Weise voneinander abhängig sind, und gegen hieraus resultierende Risiken u.U. keine hinreichende Absicherung besteht. Dies ist z.B. dann der Fall, wenn opportunistisch handelnde Partner ihre Leistungsverpflichtung nicht wie vereinbart erfüllen oder diese -

---

[76] Vgl. Wildemann, H., 1996, S. 40.
[77] Vgl. Wicher, H., 1996, S. 541f.
[78] Vgl. Klein, S., 1994, S. 311.
[79] Vgl. Schräder, A., 1996, S. 56.
[80] Vgl. o.V., 1999e, S. 11.

begünstigt durch die Notwendigkeit des offenen Informationsaustausches - Know-how unbefugt erlangen bzw. nutzen. Der Ausschluß aus der Kooperation stellt keinen wirksamen Sanktionsmechanismus mehr dar, wenn die Netzwerkbeziehungen langfristig ausgelegt sind oder hohe spezifische Investitionen in die Kooperation getätigt wurden.[82]

Die arbeitsteilige Abwicklung von Geschäftsprozessen bedingt einen hohen Kommunikations-, Kooperations- und Koordinationsaufwand, der durch die Ausrichtung der Leistungsbeiträge der Partner an den gemeinsam angestrebten Zielen erforderlich wird. Ob leistungsstarke IuK-Systeme tatsächlich in der Lage sind, hier hinreichende Unterstützung zu bieten, bleibt z.Z. noch offen. Hinzu kommt die hohe Abhängigkeit von einwandfrei funktionierenden IuK-Systemen mit entsprechenden Risiken beim Ausfall dieser Systeme.

VU sind mit ihrer Missionsorientierung oftmals eher an schnellen Gewinnen orientiert und durch das Tagesgeschäft gebunden, als langfristig gewinnbringende Marktanteile zu erringen. Weiterhin sind Netzwerkorganisationen hochgradig personenabhängig und damit fluktuationsanfällig.[83] Schließlich entstehen inner- und außerbetriebliche Probleme einer einheitlichen Corporate Identity, da Grenzen zwischen den Partnern, Lieferanten und Kunden ständig wechseln können.

Diese kurze Darstellung von Stärken und Schwächen von VU macht deutlich, daß diese Organisationsform nicht in jeder Situation in Frage kommt und ihre Stärken entsprechend ausspielen kann. Nicht geeignet erscheinen VU in Bereichen, wo es um langlebige bzw. kundendienstintensive Vertrauensprodukte geht, wo die Risiken durch einen unzuverlässigen Partner zu groß sind, wo unteilbar große Kapazitäten oder eine hohe Kapitalintensität vorliegt oder dort, wo große Gefahren der Know-how-Abstrahlung bestehen.[84]

---

[81] Vgl. Schräder, A., 1996, S. 59.
[82] Vgl. Wildemann, H., 1997, S. 429.
[83] Vgl. Mertens, P./Faisst, W., 1997, S. 117.
[84] Vgl. ebenda; ähnlich Schräder, A., 1996, S. 60.

3 Human Resources

In dem Maße wie Wissen zum eigentlichen Kapital von Unternehmen wird, nimmt die Bedeutung der Human Resources für den Unternehmenserfolg zu. Dabei stellen die Human Resources einen kritischen Erfolgsfaktor gerade bei VU dar, steht der Mensch doch als Schöpfer und Träger im Zentrum dieses Konzeptes. Wurde im Abschnitt 2.3.2 die Führungsthematik im Rahmen der Typisierung von Unternehmensnetzwerken angesprochen, werden im folgenden personale Führungsaspekte auf die besonderen Anforderungen in VU hin untersucht und herausgearbeitet, welche Eigenschaften Führungskräften und Mitarbeitern abverlangt werden.

Wenn im folgenden eine Unterscheidung hinsichtlich der Anforderungen an das Management und an die Mitarbeiter vorgenommen wird, so ist dies nicht im Sinne der seit Taylor geltenden Prämisse von Führern und Geführten mit einer festen Rollenzuschreibung zu verstehen. Mit fortschreitendem Intrapreneurship wird diese schon für konventionell organisierte Unternehmen zunehmend obsolet, für VU aber insbesondere, da sich diese i.d.R. aus gleichgestellten Partnern zusammensetzen.[85] Die Unterscheidung bezieht sich vielmehr auf die dem Management und den Mitarbeitern zugeschriebenen unterschiedlichen Aufgaben und die zu deren erfolgreichen Bewältigung erforderlichen Qualifikationen. Im VU kommt es oftmals vor, daß im Zeitablauf von derselben Person alternierend Führungsrollen - z.B. als Projektleiter - und Mitarbeiterrollen - z.B. als Teammitglied - wahrgenommen werden. Auch können diese Rollen gleichzeitig in unterschiedlichen Projekten ausgeübt werden. Angesichts flacher Hierarchien und sich selber organisierender Teams, die nur noch das Ergebnis und nicht mehr den Weg dorthin zu verantworten haben, überschneiden sich vielfach auch Qualifikationsanforderungen.

3.1 Anforderungen an das Management

3.1.1 Besondere Managementaufgaben Virtueller Unternehmen

Da VU sich definitionsgemäß zur Ausnutzung einer temporären Marktchance konstituieren, ist es Aufgabe des Managements, jeweils den Existenzgrund zu bestimmen. Ausgehend von einem positiven Vorstellungsbild über Märkte, die es

---

[85] Vgl. Vogt Baatiche, G.G., 1998, S. 123.

gewinnbringend zu bedienen gilt, leitet es eine Vision ab, die eine Sogkraft entfaltet und das Bedürfnis auslöst, dieses Ziel zu erreichen. Je präziser diese Vision erfaßbar ist, desto einfacher kommuniziert sie sich an die Bezugsgruppen - potentielle Projektpartner, Kunden und die übrige Umwelt - und desto deutlicher grenzt sich das VU gegen andere Unternehmen ab.[86] Die Vision sollte Interessenten ein verlockendes neues Ziel vor Augen führen oder ihnen zumindest neue Routen zu bekannten Zielen vorschlagen.[87] Die Vision und die daraus abgeleitete Mission sind unverzichtbar, um dem VU den Zusammenhalt zu geben, der durch die Dezentralisierung und fließende intra- und interorganisatorische Grenzen gefährdet ist.[88] Um dies im Denken und Handeln der Mitarbeiter zu verankern, und sie für ihre Aufgaben zu begeistern, sind Kommunikations- und Präsentationsfähigkeiten sowie Überzeugungskraft wichtige Eigenschaften der Führungskräfte.

Dem Management obliegt es, die physischen und strukturellen Rahmenbedingungen für die Zusammenarbeit im VU zu schaffen. Das bedeutet zum einen die Bereitstellung einer physischen Infrastruktur, die jederzeit den Zugriff auf benötigte Informationen gewährleistet und die informellen Gruppenkontakten und einem angenehmen Ambiente förderlich ist. Wichtig aber ist zum anderen auch, daß das Management passende strukturelle Rahmenbedingungen für das Wirtschaften im VU schafft. Innerhalb dieses Rahmens müssen genügend Freiräume und gewisse Redundanzen bestehen, damit die unterschiedlichen Partner zum Erreichen gemeinsam vereinbarter Ziele innovativ zusammenwirken können und das Netzwerk hinreichend stabil agieren kann. Die Prozesse sollten so gestaltet werden, daß Projektpartner sie in Bezug zum Ganzen setzen können. Dabei müssen sie durch reibungslos funktionierende Servicefunktionen und eine gut ausgebaute Kommunikationsinfrastruktur unterstützt werden. Bürokratische Abläufe und Reglementierungen sollten auf ein Mindestmaß reduziert bzw. standardisiert werden und der Entfaltung von Kreativität nicht im Wege stehen. Die Bedeutung von „Face-to-face"- Kontakten im Rahmen von Projektgruppenmeetings und informellen Treffen darf nicht unterschätzt werden, wirken diese doch aus sozialer Isolation resultierenden Gefahren wie Demotivation, Richtungslosigkeit, Informationslücken, etc. entgegen und tragen entschieden zu einem positiven und innovativen Klima bei.[89]

---

[86] Vgl. ebenda, S. 124f.
[87] Vgl. Hamel, G./Prahalad, C.K., 1995, S. 210.
[88] Vgl. Vogt Baatiche, G.G., 1998, S. 124f.
[89] Vgl. ebenda, S. 128f.

Die Planung, Akquisition und Koordination der Ressourcen ist eine Daueraufgabe des Managements. Bei der kontinuierlichen Suche nach neuen, weniger ressourcenintensiven Inputfaktoren ist es erforderlich, daß Strategie und Ziele klar definiert sind.[90] Ressourcen umfassen sowohl Finanzen, betriebliche Infrastruktur und v.a. die Projektpartner. Hier muß das Management sicherstellen, daß Kompetenzträger angezogen, gewonnen und entwickelt werden. Die Auswahl der Projektpartner ist eine der wichtigsten Managementaufgaben im VU. Bei der Selektion geht es einerseits um die richtige Kombination von Fähigkeiten und Entwicklungspotentialen zu möglichst günstigen Konditionen und andererseits um eine grundsätzliche Übereinstimmung der Werthaltungen der Netzwerkmitglieder. Während die Qualifikation relativ einfach festgestellt werden kann, verlangt die Erforschung der Werte und Potentiale viel Fingerspitzengefühl, Einfühlungsvermögen und Erfahrung, ist aber in einer im wesentlichen auf Vertrauen basierenden Organisation - die sich nur befristet konfiguriert - mindestens ebenso wichtig.[91]

Der hohe Dezentralisierungsgrad von VU erfordert von dem Management eine umfassende Integrationsleistung, damit in der Unternehmung ein kohäsives und zweckgerichtetes Handeln möglich wird.[92] Dabei ist auf die Ansprüche vielfältiger Interessengruppen einzugehen. Neben den Beziehungen auf der sachlichen Arbeitsebene zu Kunden, Lieferanten und Projektpartnern gewinnen umfassendere, tragfähige Beziehungen, die im Sinne des stakeholder-Ansatzes für weitere Bezugsgruppen und die ökologische Umwelt nutzenstiftend sind, an Bedeutung. Es geht um ein sensibles Wahrnehmen des gesellschaftlichen und ökologischen Umfelds und um ein vorausschauendes, proaktives Umsetzen von hieraus abgeleiteten Anforderungen im Sinne der Unternehmensziele.[93]

Ein VU ist eingebunden in ein Netzwerk kooperativer Beziehungen aus dem vielfältigere und komplexere wechselseitige Abhängigkeiten resultieren, als dies bei traditionell-integrierten Unternehmen der Fall ist. Die Steuerung eines solchen Unternehmens erfordert daher ein Denken in Netzzusammenhängen.[94] Bei der Gründung des VUs ist es Aufgabe des Managements, die grundlegende Struktur einschließlich der Gestaltung der Schnittstellen aufzubauen, Projektpartner zusammenzuführen und den Grundstein für die Aneignung von Kompetenzen zu legen.

---

[90] Vgl. Hamel, G./Prahalad, C.K., 1995, S. 251.
[91] Vgl. Vogt Baaticle, G.G., 1998, S. 130ff.
[92] Vgl. Krystek, U./Redel, W./Reppegather, S., 1997, S. 168.
[93] Vgl. Vogt Baaticle, G.G., 1998, S. 125f.
[94] Vgl. Szyperski, N./Klein, S., 1993, S. 37.

Funktioniert das VU erst einmal, muß es dafür sorgen, daß sich das Netzwerk und die durch dieses beherrschten Kompetenzen entsprechend sich ändernder Anforderungen entwickeln können, daß Spielregeln eingehalten werden, die Kommunikation zwischen den Beteiligten reibungslos abläuft und die „Chemie" stimmt.[95] Nicht nur gilt es bei der Konfiguration eines VUs Kernkompetenzen richtig zu erkennen, vielmehr bedeutet ein „Competing on Competence" einen tiefgreifenden Wandel in der Organisation und ein Umdenken der Mitarbeiter, Potentiale darüber hinaus optimal zu exploitieren, zu entwickeln und zu erhalten.[96]

Schließlich obliegt es dem Management festzustellen, wie erfolgreich gewirtschaftet wird und aus der Erkenntnis ggf. Konsequenzen zu ziehen. Traditionelle Kennzahlen für die Marktleistung, wie Umsätze und Marktanteile bzw. betriebswirtschaftliche Kennzahlen wie Rentabilität und Produktivität, greifen zu kurz. Eingebettet in ein komplexes Geflecht gegenseitiger Abhängigkeiten ist es für VU wichtig, umfassender die Nutzenstiftung für alle stakeholder zu ermitteln und daraus ggf. Anpassungen abzuleiten. Dazu sind neue Bewertungsmethoden zu entwickeln, welche die Zufriedenheit von Projektpartnern, Geldgebern, Kunden und der Öffentlichkeit einbeziehen.[97]

3.1.2 Führung und persönliche Qualifikationsmerkmale

Zwar wird für die selbständigen Projektpartner vorausgesetzt, daß sie sich selbst managen, doch wird deshalb die Funktion des Managements und der Führung des VUs nicht überflüssig. Aus den im vorhergehenden Abschnitt diskutierten besonderen Managementaufgaben resultiert eine neue Führungskonzeption, bei der veränderte Qualifikationsmerkmale der Führungskräfte in den Vordergrund rücken.

Die traditionelle Art des Managens in Form von Planung, Entscheidung, Anweisung und Kontrolle, bei der die Führungskraft Ziele setzte, die wichtigsten Entscheidungen traf und möglichst viele Aufgaben selbst erledigte, ist im VU aufgrund der flachen bzw. fehlenden Hierarchien und sich selber organisierender Teams nicht mehr angezeigt. Der Ansatz hat sich grundlegend gewandelt. Die

---

[95] Vgl. Vogt Baatiche, G.G., 1998, S. 126f.
[96] Zum kompetenzorientierten Management vgl. Hinterhuber, H. H./Friedrich, S.A./Handtbauer, G./Stuhec, U., 1996, hier S. 81ff; vgl. auch Friedrich, S.A./Hinterhuber, H.H., 1995, S. 38f.
[97] Vgl. Vogt Baatiche, G.G., 1998, S. 129f.

Gestaltung der unternehmerischen Realität ist im VU nicht mehr exklusives Vorrecht einiger weniger. Erfolg kann und wird nicht mehr als isolierte Einzelleistung des Führenden bewertet, vielmehr ist er Ergebnis einer teambasierten, projektorientierten Zusammenarbeit. Dies erfordert eine neue Kultur der Führung.[98]

Lattmann unterscheidet drei Quellen von Führungsautorität: institutionelle oder formale Autorität, Fachautorität und persönliche Autorität.[99] Da Führungsautorität im VU i.d.R. weder auf einem rechtlich determinierten Subordinationsverhältnis noch auf überlegener Fachautorität basiert, nimmt die Bedeutung der persönlichen Autorität als Dimension von Führungsautorität stark zu. An die Stelle von Macht und Informationsvorsprüngen tritt im VU Vertrauen und Respekt. In einer Vertrauensorganisation zählen Eigenschaften wie Ehrlichkeit, Offenheit, Toleranz, Partnerschaft, Würde und Sicherheit, die zum Aufbau eines innovationsfördernden und fehlertoleranten Klimas beitragen.[100] Persönliche Führungsautorität kann auch auf Charisma basieren: charismatische Persönlichkeiten zeichnen sich durch Begeisterungsfähigkeit, menschliche Zuwendung und intellektuelle Anregung aus, der man sich nur schwer entziehen kann.

Im Hinblick auf die unternehmensinterne Team- und Telearbeit und fehlenden Kontrollmöglichkeiten, aber auch weil die „Geführten" im VU den „Führenden" i.d.R. fachlich überlegen sind, bietet sich als adäquates Führungsmodell ein partizipatives Management by Objectives an.[101] Das bedeutet konzeptionell, daß nur Ziele festgelegt werden, nicht aber Vorschriften zur Zielerreichung. Durch Delegation von Verantwortung und Partizipation der Mitarbeiter an Entscheidungsprozessen wird der notwendige unternehmerische Freiraum für die Systemmitglieder geschaffen.

Der geeignete Teamführer ist ein Coach, der - von der Anerkennung der Mitarbeiter getragen - Rahmenbedingungen bereitstellt, Lernchancen eröffnet, den evolutionären Problemlösungsprozeß fördert, motiviert und dabei gruppendynamische Prozesse berücksichtigt. Es ist mehr ein Führen aus dem Hintergrund, indem die richtigen Personen zusammengebracht und Bedingungen geschaffen werden, unter denen sich die Mitarbeiter entfalten können. Dies verlangt „weiche Werte" wie

---

[98] Vgl. ebenda, S. 120ff.
[99] Vgl. Lattmann, C., 1982, S. 77f.
[100] Vgl. Vogt Baatiche, G.G., 1998, S. 139ff.
[101] Vgl. Krystek, U./Redel, W./Reppegather, S., 1997, S. 168, ebenso Vogt Baatiche, G.G., 1998, S. 142.

Einfühlungsvermögen, Kommunikationsfähigkeit, Offenheit, Intuition und emotionale Intelligenz. Das sind Werte, in denen insbesondere Frauen Stärken aufweisen; sie scheinen für Führungsaufgaben im VU insofern gut geeignet.

3.2 Anforderungen an die Mitarbeiter

Die hohe Kundenorientierung und extreme Anpassungsfähigkeit von VU erfordert von den Mitarbeitern eine hohe fachliche Sachkenntnis. Die einzelnen Projektteams setzen sich i.d.R. aus Spezialisten zusammen, deren Fähigkeiten sich komplementär ergänzen. Auch die einzelnen Mitarbeiter bringen ihre persönlichen Kernkompetenzen ein in den Verbund ein.[102]

Selbstverständlich ist für alle die in einem VU arbeiten, daß sie die eingesetzten IuK-Technologien wirtschaftlich zu nutzen verstehen. Verweigerungshaltungen oder gar „Cyberphobia"-Symptome sind für die angestrebten Leistungsziele und die Motivation der Systemmitglieder abträglich und wirken gerade im VU fatal. Wichtig ist, daß die verstärkte Nutzung von IuK-Technologien in den Köpfen der Menschen beginnt.[103] Hier kommt es darauf an, daß sich niemand aufgrund von Wissenslücken von der Technik überfordert fühlt. Insbesondere in dem Bereich der schnellebigen IuK-Technologien ist es wichtig, sein Wissen ständig auf dem neuesten Stand zu halten, um die Möglichkeiten neuer Technologien einschätzen, umsetzen und anwenden zu können.

Konnte man in konventionellen Unternehmen davon ausgehen, daß das unternehmensinterne Personalmanagement Weiterbildungsmaßnahmen plante und organisierte, ist im VU für die Weiterentwicklung der persönlichen Kernkompetenzen jeder Mitarbeiter selbst verantwortlich. Um im Sinne eines Selbstmarketings ihren „Marktwert" für potentielle Projektanbieter möglichst zu steigern und ihre Flexibilität zu erhalten, müssen die Individuen in einem Prozeß des lebenslangen Lernens ihre eigene Entwicklung planen, Wissensressourcen aufbauen und diese den Nachfrageverhältnissen anpassen. Lernen kann sich in diesem Kontext nicht mehr allein auf fachliche Kenntnisse beschränken. Schlüsselqualifikation ist es, erworbenes Wissen und erworbene Fähigkeiten in anderen Situationen anwenden zu können. Neben hohen Anforderungen an die Fachkompetenz sind in VU v.a. extrafunktionale Kompetenzen gefragt, die nur bedingt durch die Aufnahme von Wissen anzu-

---

[102] Vgl. ebenda, S. 174.

30

eignen sind. Dies gilt in zunehmendem Maße zwar auch für konventionell organisierte Unternehmen, für VU, die in hohem Maße als selbstorganisierende Systeme wirken sollen, ist es jedoch charakteristisch.

Kreativität stellt die Fähigkeit dar, „Kompositionen, Produkte oder Ideen hervorzubringen, die in wesentlichen Merkmalen neu und dem Schöpfer vorher unbekannt waren"[104]. Sie ist grundlegendes Qualifikationsmerkmal für den Inventions- und Innovationsprozeß. In traditionell-arbeitsteiligen Organisationen mit stark abgegrenzten Tätigkeits- und Verantwortungsbereichen ist Kreativität und Innovationsfähigkeit weniger gefragt als im VU, denn Problemlösungen werden hier stärker durch Vorgesetzte bzw. Abläufe vorgegeben. Mit zunehmender Kundenorientierung, Komplexität der Aufgabenstellungen, fortschreitender Dynamik der Märkte und der Integration von ehemals voneinander getrennten Prozessen ist die Bedeutung von Kreativität enorm gestiegen und stellt damit gerade für in VU und in derartigen Strukturen arbeitende Menschen ein wichtiges Qualifikationsmerkmal dar.[105] Durch die teamorientierte Zusammenarbeit von Menschen mit unterschiedlichen Backgrounds bestehen gerade im VU gute Voraussetzungen für kreatives Verhalten.

Die weitgehende Selbständigkeit verlangt von den - i.d.R. tatsächlich selbständigen - Projektpartnern ein stärkeres internes Unternehmertum als es mittlerweile auch in konventionellen Unternehmen gefordert wird. Zu den einer Unternehmerpersönlichkeit in diesem Zusammenhang zugeschriebenen wichtigen Eigenschaften zählen: Risikofreude, denn für Selbständige stellen sich mit jedem neuen Engagement in einem neuen Umfeld Herausforderungen, die zwar Chancen aber auch ein Unsicherheitspotential bergen. Die Fähigkeit zur Eigenmotivation ist im VU wichtig, da es keine hierarchisch Übergeordneten gibt, zu deren Aufgabe die Motivation und ständige Kontrolle der Mitarbeiter gehört. Es erfordert eine beträchtliche Verantwortungsbereitschaft, sich an Spielregeln zu halten und Ziele ausdauernd und hartnäckig zu verfolgen, auch wenn man physisch entfernt bzw. für sich allein arbeitet.[106] Da für die Aufgabenbereiche der Projektpartner i.d.R. keine Stellenbeschreibungen und daran orientierte Entlohnungssysteme vorliegen, sondern nur die innerhalb der Projekte erbrachten Leistungen entscheidend sind, ist eine starke Leistungsorientierung gefragt. In Verhandlungen mit zukünftigen Auf-

---

[103] Vgl. ebenda, S. 175.
[104] Vogt Baatiche, G.G., 1998, S. 84.
[105] Vgl. ebenda, S. 84ff.
[106] Vgl. Vogt Baatiche, G.G., 1998, S. 99.

traggebern müssen die Projektpartner Präsentationsfähigkeiten zum Kommunizieren ihrer Kernkompetenzen und Verhandlungsgeschick bei Honorarvereinbarungen besitzen. Der Karriereweg verläuft im VU nicht mehr mit der Aussicht auf Aufstieg in der Hierarchie. Karriere definiert sich neu, u.a. durch Übernahme anspruchsvollerer und herausfordernderer Aufgaben, an dem Grad an Selbstverwirklichung im Arbeitsprozeß, an der Übernahme von Prozeßverantwortlichkeiten und besonderen Chancen zur Weiterentwicklung persönlicher Potentiale.[107]

Schon in traditionell-hierarchisch strukturierten Unternehmen wird von den Mitarbeitern Teamfähigkeit erwartet. Dies gilt für VU um so mehr. Die im VU angelegte interdisziplinäre Zusammenarbeit erfordert von den Mitarbeitern die Bereitschaft, mit Kollegen unterschiedlichen Backgrounds zusammenzuarbeiten und dabei unterschiedliche Ziele, Interessen und Ambitionen miteinander in Einklang zu bringen. Sogenannte Defender-Strategien - wenn mit allen Mitteln versucht wird, Informationen, Ideen und Arbeitsergebnisse abzuschotten - wirken fatal.[108] Die erforderliche Kooperationsbereitschaft der Mitarbeiter basiert auf dem Bewußtsein der gegenseitigen Abhängigkeit und auf Vertrauen. Im VU kann letzteres nicht in dem Maße aus gemeinsam gewachsenen Wurzeln entspringen und zudem sind die Möglichkeiten zur persönlichen Kommunikation eingeschränkt. Vielmehr gründet Vertrauen im VU auf „einer positiven Grundeinstellung, Toleranz, Offenheit und Respekt".[109]

Konflikte stellen einen unvermeidbaren Bestandteil interdisziplinärer Teamarbeit dar. Daher ist von den Mitarbeitern im VU eine ausgeprägte Konfliktlösungsfähigkeit und soziale Kompetenz zu verlangen. Da virtuelle Teams sich i.d.R. aus Gleichgestellten zusammensetzen, können Konflikte nicht mehr durch hierarchische Instrumente wie z.B. Weisungen geregelt werden, sondern nur durch gegenseitige Abstimmung, Rücksichtnahme und das Streben nach Konsens.[110] In Fällen in denen sich das VU in internationalen bzw. globalen Dimensionen bewegt, sind darüber hinaus Fähigkeiten zur interkulturellen Integration und hohen kulturellen Sensibilität gefragt.[111]

---

[107] Vgl. ebenda, S. 100f.
[108] Vgl. Krystek, U./Redel, W./Reppegather, 1997, S. 176.
[109] Vogt Baatiche, G.G., 1998, S. 93.
[110] Vgl. ebenda, S. 96.
[111] Vgl. Krystek, U./Redel, W./Reppegather, S., 1997, S. 176.

Auf der Grundlage einer effektiven Kommunikation gilt es, das Gesamtziel des VUs entschieden zu verfolgen. Dazu bedarf es eines aktiven Zuhörens, Aufrichtigkeit und der Offenheit, anderen im Zweifelsfall Recht zu geben. Wegen der Zusammenarbeit von Projektpartnern mit unterschiedlichem Ausbildungs- und Erfahrungshintergrund ist die Bereitschaft und die Fähigkeit wichtig, das einer Disziplin angehörende, implizit vorhandene „tacit knowledge" offen zu legen und Fachaspekte allgemeinverständlich zu kommunizieren.[112] Das Anbringen konstruktiver Kritik unter Ausklammerung sozio-emotionalen Konfliktpotentials schafft die Voraussetzung zur produktiven Nutzung sachbezogener Konflikte. Es gilt, Authentizität zu wahren und anderen Unterstützung zu bieten. Wichtig ist es, daß sich alle im VU tätigen Menschen eine ganzheitlich-vernetzte Sichtweise zu eigen machen und ein übergreifendes Denken entwickeln. Erst durch dieses wird es möglich, die Zusammenhänge der Unternehmensprozesse zu erkennen und das Entscheiden und Handeln entsprechend daran auszurichten.[113]

Die Organisationsform der VU stellt hohe Anforderungen an die Qualifikation der darin tätigen Menschen. Viele der von den Menschen zu fordernden Qualifikationsmerkmale gewinnen auch für konventionell organisierte Unternehmen an Bedeutung. Nicht jeder jedoch entspricht den genannten Anforderungen und eignet sich entsprechend gut für eine Mitarbeit im VU. Zudem sind die durch das Selbstorganisationsprinzip erschlossenen Freiräume und Chancen mit Unsicherheiten behaftet.[114] Ob das Modell des VU-Arbeiters ein Arbeitsmodell für die Zukunft - d.h. mit grundsätzlichem Anspruch - darstellt, ist daher mehr als fraglich. Auch im Bereich der Human Resources gilt es angesichts des vielversprechenden Potentials von VU, nicht in unkritische Euphorie zu verfallen, sondern umfassend auch negative Implikationen zu bedenken. Aus Sicht der Gewerkschaften ist das Konzept insofern relevant, als man durch fluide Organisationsformen- und insbesondere Telearbeitskonzepte - aufgrund der räumlichen Zersplitterung eine Schwächung der betrieblichen Interessenvertretung der Gewerkschaftmitglieder und eine Verschlechterung der Arbeitsbedingungen befürchtet. Angesichts der zunehmenden Auflösung intraorganisatorischer Grenzen werden die Gewerkschaften zukünftig einen Rollenwandel und eine Neuausrichtung ihres Aktionsradius zu vollziehen haben.

---

[112] Vgl. Vogt Baatiche, G.G., 1998, S. 89.
[113] Vgl. Krystek, U./Redel, W./Reppegather, S., 1997, S. 177.
[114] Vgl. ebenda, S. 178.

4 Marketingmanagement

Im Gegensatz zur Fertigungswirtschaft oder Logistik war die Rechnerunterstützung von Geschäftsprozessen im Marketing bis vor kurzem auf wenige Insellö-
sungen beschränkt. Dies liegt v.a. an einer qualitativ und quantitativ unzureichenden Datenbasis und der großen Bedeutung variierender und schlecht
strukturierter Aufgabenstellungen im Marketing. Durch Fortschritte im Bereich
leistungsfähiger Datennetze und intuitiv bedienbarer Benutzeroberflächen lassen
sich Marketingprozesse nicht nur effizienter und effektiver gestalten, sondern es
eröffnen sich völlig neue Möglichkeiten, die ohne Rechnerunterstützung nicht
realisierbar wären. Der kompetente Einsatz von IuK-Technologien wird damit in
Zukunft im Marketing noch an Bedeutung gewinnen und zu einem zentralen Erfolgsfaktor werden.[115] Aufgrund des innovativen Charakters und einer weiterhin
dynamisch verlaufenden Evolution dieser Technologien, existieren aber auch
größere Unsicherheitspotentiale. Abbildung 7 zeigt den zunehmenden IuK-
Technologie-Einsatz in der Kundenbeziehung.

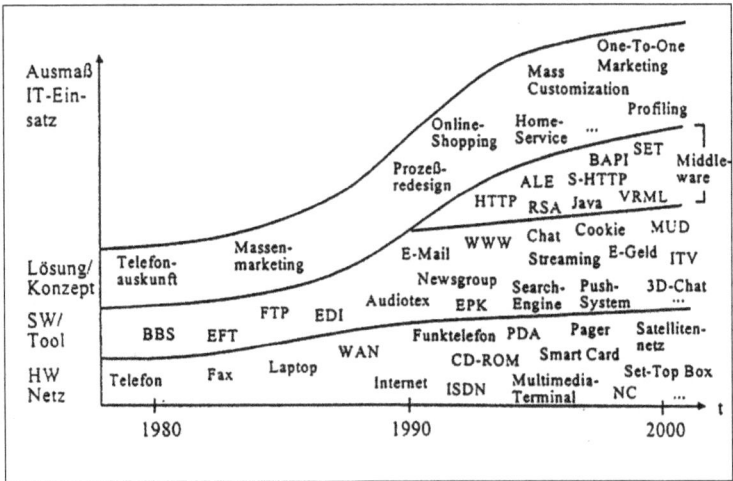

Abbildung 7: Zunehmender IuK-Technologie Einsatz in der Kundenbeziehung[116]

---

[115] Vgl. Hippner, H./Meyer, M./Wilde, K.D., 1998, S. Vf.
[116] Muther, A./Österle, H./Tomczak, T., 1998, S. 168.

VU scheinen aufgrund ihres starken Rückgriffs auf IuK-Technologien für den Einsatz innovativer rechnergestützter Marketinginstrumente prädestiniert zu sein. Zudem erscheint eine durchgehend konsistente Nutzung in allen betrieblichen Funktionsbereichen, mithin ein sogenanntes Computer Based Marketing (CBM), nur konsequent. Im Rahmen dieser Arbeit kann bezüglich des Marketings von VU nur auf einige, für VU besonders wichtige rechnergestützte allgemeine Instrumente im Marketingmix eingegangen werden. Branchenspezifische Marketingfragen können hier nicht erörtert werden.

Einen nachhaltigen Wettbewerbsvorteil durch Markt- bzw. Kundenorientierung zu erreichen, ist explizite Zielsetzung des VU-Konzepts, deren Umsetzung insbesondere im Marketingbereich anzusiedeln ist. IuK-Technologien, und hierbei speziell Internetanwendungen, lassen sich dabei in mehrfacher Hinsicht als Marketinginstrumente nutzen: als Distributions- und Vertriebskanal, als Kommunikationskanal zum Kunden für Marketingbotschaften und als Plattform für Kundenservice.[117] Auch werden CBM-Instrumente im Rahmen der Produktpolitik genutzt. Allerdings lassen sich computergestützte Marketinginstrumente nicht immer eindeutig der Produkt-, Kommunikations-, Distributions- oder Preis- und Konditionenpolitik zuordnen, vielmehr existieren oftmals übergreifende Anwendungsfelder. IuK-Technologien haben damit einen doppelten Charakter: Einerseits begünstigen sie die Globalisierung der Märkte und tragen zu einem verstärkten Wettbewerb bei, andererseits werden durch sie die um so erforderlicher werdenden Differenzierungsstrategien z.T. erst möglich.

4.1 Chancen vernetzter Geschäftsprozesse im Marketing

Der Aufbau zwischenbetrieblicher Informationssysteme, d.h. eine unternehmensübergreifende Integration der Informationsverarbeitung und der Leistungserstellungsprozesse, ist für VU eine zentrale Aufgabenstellung, die auch unter Marketingaspekten relevant ist. Ein Anbieter kann durch die Anwendung von Konzepten des Electronic Data Interchange (EDI) sowohl die Effizienz als auch die Effektivität seines Leistungsangebots aus Perspektive des Nachfragers positiv beeinflussen. Dabei ist das Spektrum der EDI-Anwendungen breit gefächert. Es reicht von Lieferabrufsystemen und Just-in-Time-Konzepten über computerge-

---

[117] Vgl. Schroder, D./Strauß, R.E., 1998, S. 60.

stützte Warenwirtschaftssysteme bis zu Fernsteuerungs- und Wartungsdienstleistungen, um exemplarisch nur einige zu nennen.[118]

Effizienzorientierte Analysen stehen zur Wirkung von EDI vielfach im Vordergrund. Der vernetzte Datenaustausch trägt hiernach zu einer deutlichen Kosten- und Zeitersparnis bei. Bestehende Prozesse werden beschleunigt, indem Bearbeitungs- und Durchlaufzeiten verringert werden. Medienbrüche an inkompatiblen Schnittstellen werden vermieden und herkömmliche Arten der Kommunikation werden auf elektronische Wege verlagert. Diese Sichtweise ist aus Marketingperspektive insofern ergänzungsbedürftig, als sie durch ihr substitutives Verständnis der Anwendungs- und Nutzungsmöglichkeiten „die enormen zusätzlichen Möglichkeiten und Chancen, die ... mit der Vernetzung zwischen Geschäftspartnern verbunden sind"[119] übersieht. Um diese Chancen zu nutzen, kann EDI im Sinne des Kundenbindungsmanagements einerseits darauf abzielen, den durch den Nachfrager wahrgenommenen Nutzen zu erhöhen, d.h. die Effektivität zu steigern, oder andererseits sonstige Wechselbarrieren zu schaffen.[120]

Es ist zu fragen, wie die Leistung aus Sicht des Kunden attraktiver gestaltet werden kann. Als Verbesserung kann hierbei angesehen werden, wenn durch Prozeß- und Strukturveränderungen bisher vom Kunden zu tragende Kosten der Leistungserstellung und Nutzung der Absatzobjekte gesenkt, die zeitliche Belastung reduziert oder die wahrgenommene Qualität gesteigert werden kann. Darüber hinaus kann EDI auch zu einer stärkeren Individualisierung des Leistungsangebots beitragen.[121] Neben der Verbesserung bisher angebotener Leistungen liegen Chancen v.a. darin, den Kunden Zusatzleistungen bzw. gänzlich neue Leistungen im Sinne eines Cross-Selling anbieten zu können. Es ist zu unterscheiden, ob EDI bzw. die IuK-Technologie Objekt oder Medium des Leistungsangebots ist. Im ersten Fall geht es etwa um die Implementierung und Pflege computergestützter, geschlossener Warenwirtschaftssysteme, im zweiten stellt EDI die technische Basis für innovative Grund- und Zusatzleistungen dar.[122]

Für VU, die durch ihre explizite Kundenorientierung ohnehin sehr spezifische Leistungen erbringen, liegen absatzbezogene Erfolgspotentiale durch vernetzte

---

[118] Vgl. Gersch, M., 1998, S. 26.
[119] Ebenda, S. 27.
[120] Vgl. ebenda, S. 28ff.
[121] Vgl. Jacob, F., 1995, S. 8.
[122] Vgl. Gersch, M., 1998, S. 29f.

Geschäftsprozesse v.a. im Aufbau von Kundenbindung durch Schaffung von Wechselbarrieren. Diese existieren nicht nur auf Seiten eines Geschäftspartners, vielmehr kommt es auf das Verhältnis gegenseitiger Abhängigkeiten an. EDI stellt ein Instrument dar, welches aus Marketingsicht geeignet ist, attraktive Kunden stärker an das Unternehmen zu binden bzw. nur geringe Bindungen gegenüber weniger attraktiven Kunden aufzubauen. Bezüglich konkreter Bindungsarten stehen technische Bindungen, d.h. Bindungen die aus Investitionen in spezifische Technologien resultieren, zumeist im Vordergrund der Betrachtung.[123] Durch den Einsatz von EDI ergeben sich organisatorische Bindungen, wenn partnerspezifische Änderungen von Prozeßstrukturen und -abläufen vorgenommen werden. Daneben sind je nach Ausgestaltung der EDI-Verträge juristische Bindungen zu nennen. Auch entstehen personelle Bindungen durch Lerneffekte und zunehmende Gewöhnung der Mitarbeiter an spezifische mit EDI verbundene Prozesse.[124]

4.2 Ausgewählte Marketinginstrumente für Virtuelle Unternehmen

CBM hat momentan sicherlich einen Schwerpunkt im Bereich der Kommunikationspolitik, sollte aber bei der Ausgestaltung aller Elemente des Marketingmix berücksichtigt werden.[125] Auch die im folgenden diskutierten CBM-Instrumente haben einen kommunikationspolitischen Schwerpunkt. Kein Unternehmen - und erst recht kein VU - kann es sich leisten, sich nicht mit der Vielzahl der durch moderne IuK-Technologien entstandenen neuen kommunikationspolitischen Instrumenten zu beschäftigen. Diese können dazu beitragen, die jeweiligen Adressaten kostengünstiger, zielgruppenspezifischer und schneller anzusprechen und eine nachhaltigere Verankerung der Kommunikationsinhalte zu bewirken. Auch lassen sich bekannte Medien durch die Integration in bzw. Unterstützung durch IT-Systeme besser nutzen. So können beispielsweise in Verbindung mit Konzepten des Computer Aided Selling und Database Marketing Kunden sehr selektiv und individuell etwa auf telefonischem Wege angesprochen werden. Dies hebt die Anonymität der Käufer auf und ermöglicht ein aktives Beziehungsmanagement. Durch Einbindung in Multimediaanwendungen kann der Einsatz von Business Television effizienter und effektiver gestaltet werden.[126] Bei der Auswahl und Gestaltung von Kommunikationsmaßnahmen kommt es darauf an, für das jeweili-

---

[123] Picot, A./Reichwald, R./Wigand, R.T., 1996, S. 156ff.
[124] Vgl. Gersch, M., 1998, S. 31f.
[125] Ähnlich Höhl, M., 1998, S. 139.
[126] Vgl. Kienel, H./Zerbe, S./Krcmar, H., 1998, S. 117ff.

ge Problem „die richtigen Mittel zur richtigen Zeit am richtigen Ort einzusetzen."[127] Dies wird erschwert durch den Umstand der oftmals noch unzureichenden Erfahrung mit den neuen Medien, denn diese befinden sich noch in einer frühen Phase ihrer Evolution. Schließlich können innovative Formen IuK-basierter Kommunikation aber auch selbst einen Teil des dem Kunden angebotenen Leistungsbündels darstellen bzw. hierdurch vermittelt werden. Hier ist an Schulungs-, Support- und Consultingdienstleistungen, etc. zu denken.

Online-Medien bieten eine Reihe von Möglichkeiten, über potentielle Kunden Daten zu sammeln und diese für Marketingzwecke zu nutzen. Dies umfaßt z.B. innovative Internet-Dienstleistungen, für deren Benutzung man Informationen über sich preisgeben muß, das Hinterlassen und Auswerten von sogenannten Cookies[128] und die Analyse des Verhaltens auf Word Wide Web-Seiten. Für die automatische Sammlung und Auswertung dieser für die Marktforschung interessanten Informationen existieren bereits zahlreiche komplexe Softwarelösungen. Durch Abgleich von kunden- bzw. personenbezogenen Daten aus weiteren, z.T. auch externen Datenbeständen, kann zudem versucht werden, ein genaues Profil potentieller Kunden zu erstellen. Spätestens aus der Ebene personenbezogener Daten tauchen ernsthafte Fragen des Datenschutzes auf. Hier sind entsprechende rechtliche Restriktionen zu beachten, deren weitere Entwicklung um so dringender erforderlich ist, wie die technischen Möglichkeiten der Sammlung und des Abgleichs großer Mengen personenbezogener Daten möglich werden.

Bei der strategischen Planung der Kommunikationsziele und der Gestaltung der Botschaften ist die Unterscheidung zwischen Business-to-Business- und Business-to-Consumer-Bereich grundlegend. Je nach Komplexität und Menge der Produkte verläuft der Kommunikations- und Kaufprozeß mehr oder weniger stark standardisiert. Weiterhin liegt im ersten Fall eine kleinere und differenziertere Zielgruppe vor, bei der Kaufentscheidungen üblicherweise von mehreren Personen aus unterschiedlichen Abteilungen mit spezifischen Informationsbedürfnissen getroffen werden.[129] Es kommt hier auf die Identifikation und adäquate Ansprache der Entscheider innerhalb der „Buying Front" an, wobei Gruppenprozesse zu berücksichtigen sind.

---

[127] Muther, A./Österle, H./Tomczak, T., 1998, S. 173.
[128] Cookies sind auf dem lokalen Rechner des Nutzers angelegte Datenfiles, die es nachvollziehen lassen, auf welchen Webseiten sich der Nutzer aufgehalten hat, vgl. Riedl, J., 1998, S. 88.
[129] Vgl. Holzinger, A./Meyer, M., 1998, S. 189.

Auf Konsumgütermärkten versuchen Unternehmen mit dem Mass Customizing, Standardisierungs- und Individualisierungsvorteile miteinander zu verbinden. Einerseits bilden einfache Segmentierungskonzepte ein zu grobes Raster, um die Leistungsprogramme an den Bedürfnissen sogenannter „hybrider Kunden" auszurichten. Andererseits führt reines Individualmarketing zu einer zu weiten Feinsegmentierung mit der Gefahr, daß die Kosten eines ausschließlich individuellen Leistungsangebots nicht auf eine entsprechende Preisbereitschaft treffen. Voraussetzung für die Umsetzung des Mass Customizing ist, daß das Leistungsprogramm in Form eines modularen Baukastenkonzepts realisiert wird und standardisierte Elemente entsprechend zielgruppenspezifischer Anforderungen konfiguriert werden. Mit dem Mass Customizing verbunden sind hohe Anforderungen an die instrumentelle Ebene der Marktsegmentierung, denen konventionelle statistische Verfahren nur bedingt gerecht werden.[130] Jung und Wiedmann zeigen an dem Fallbeispiel der Automobilmarktsegmentierung die Überlegenheit der „prozeßorientierten Verknüpfung des Mass Customizing mit neuronalen Diskriminanzmodellen im Vergleich zu konventionellen Segmentierungsansätzen".[131]

Eine bidirektionale Kommunikation mit dem Kunden stellt die Basis dafür dar, Kundenwünsche im Rahmen der Produktpolitik besser zu berücksichtigen und eine festere Kundenbindung zu erreichen. Ein vielzitiertes Beispiel ist das der Firma Levi Strauss, die in ausgewählten Geschäften maßgeschneiderte Jeanshosen anbietet. Die im Geschäft ermittelten Maße des Kunden gehen über Computernetz direkt zum Schnittroboter der nächsten Fabrikationsstätte und nach ca. zwei Wochen liegt die maßgeschneiderte Jeans im Laden zur Abholung bereit.[132] Die so gewonnenen persönlichen Kundendaten gehen nicht nur in den Produktionsprozeß ein, sie lassen sich auch für die spätere individuelle Kundenansprache nutzen und ggf. an Dritte verkaufen. Für VU dürften Konzepte der Individualisierung einer sich im Prinzip an eine breite Masse richtenden Leistung weniger relevant sein, denn VU produzieren i.d.R. hochspezifische Leistungen für einen eingeschränkten Kundenkreis, oftmals aus dem Business-to-Business-Bereich. Hier ist mit geeigneten Konzepten - etwa solchen, die dem Leitbild der Qualitätsorientierung folgen - auf die Kundenanforderungen in der Produktentwicklung einzugehen.

---

[130] Vgl. Jung, H.-H./Wiedmann, K.-P., 1998, S. 437ff.
[131] Vgl. ebenda, S. 439.
[132] Vgl. Muther, A./Österle, H./Tomczak, T., 1998, S. 172.

Für VU ist es wichtig, daß im Rahmen der Kommunikationspolitik der Aufbau eines Markennamens gelingt, der nach außen hin Vertrauen assoziiert und für Qualität steht. Im Idealfall wird den Kunden gar nicht bewußt, daß sie es mit einem VU zu tun haben.[133] In der VU-Praxis kann sich ein bestimmter Partner - z.b. eine Werbeagentur oder ein PR-Berater - oder der Broker auf diese Problemstellungen spezialisieren. Angesichts des i.d.R. nur temporären Zusammenschlusses ist es oft nicht möglich, eine Corporate Identity erst aufwendig zu entwickeln und zu implementieren. Vielmehr muß sich diese aus einem „kulturellen Fit" der Projektpartner heraus bereits weitgehend ergeben.

4.2.1 Elektronische Kataloge, Elektronische Märkte und „E-Commerce"

Elektronische Produktkataloge bieten durch multimediale Präsentationsmöglichkeiten, komfortable Suchfunktionen und einfache Bestellmöglichkeiten wesentliche Vorteile.[134] Durch die Interaktivität kann der Benutzer schnell an die gewünschten Informationen gelangen. Gegebenenfalls hat der Benutzer die Möglichkeit, sich durch eigenständige Zusammenstellung von standardisierten Modulen erst noch herzustellende individualisierte Produktvarianten „virtuell" darstellen zu lassen. Hiervon kann ein Kaufreiz ausgehen. Durch „Beobachtung" des Nutzungsverhaltens bzw. der direkten Abfrage maßgeblicher Informationen vom Benutzer, wie etwa Soziodemographika und Interessengebiete, kann dieser mit individuell aufbereiteten Word Wide Web-Seiten versorgt werden. Dazu ist ein Benutzermodell erforderlich, wobei eine Fehleinschätzung - ähnlich einem Fehlverhalten eines menschlichen Verkäufers - auch Ablehnung erzeugen kann. Gelingt es jedoch, den Nutzer gezielt und entsprechend seiner Interessen anzusprechen, kann die Akzeptanz im Vergleich zu konventionellen Katalogen erhöht werden. Zudem bietet der dynamische Aufbau der Seiten ein zusätzliches akquisitorisches Potential.

Elektronische Marktplätze (EM) können als computergestütztes Marketinginstrument genutzt werden. Bei VU sind Fragen der Produktpolitik und der Konfiguration des Netzwerkes eng miteinander verknüpft, denn die Leistungserstellung ist direkt von den verfügbaren Kompetenzen abhängig. Durch die projektweise

---

[133] So scheint es „der Mentalität vieler Kunden eher zu entsprechen und vertrauensfördernde Wirkung zu haben, wenn Geschäftsbeziehungen mit einem (einheitlichen) Partner unterhalten werden", Mertens, P./Griese, J./Ehrenberg, P., 1998, S. 86.
[134] Vgl. Rössel, M., 1998, S. 141.

Neukonfiguration ergibt sich wesentlich häufiger als in traditionellen Unternehmen die Frage nach den idealen Kooperationspartnern als Kompetenzträger, und es entsteht ein hoher Suchaufwand, der durch Nutzung von EM reduziert werden kann. EM lassen sich darüber hinaus als Kommunikations- und Vertriebskanal für eine weltweite virtuelle Präsenz nutzen.

EM können unter Infrastrukturgesichtspunkten als eine „in elektronischen Netzen adressierbare Lokalität verstanden werden, an der thematisch zusammengehörende elektronische Informationsdienstleistungen plaziert sind".[135] Auf Basis des Internet-Mehrwertdienstes World Wide Web kann ein EM z.B. als eine spezielle, eigenständige Web-Site bzw. Zusammenfassung mehrerer Web-Sites unter einer Domain realisiert werden.[136] Aus funktioneller Sicht stellt ein EM selbst eine spezielle Informationsdienstleistung dar. Es ist grundsätzlich zwischen dem Betreiber eines EM und den Anbietern auf einem EM zu unterscheiden. EM können sehr unterschiedliche konkrete Realisierungsformen annehmen und damit ein breites Zielgruppenspektrum ansprechen. Dies reicht von der einfachen Sammlung von Links bis hin zu einem vollständig integrierten Angebot, das alle Phasen von Geschäftstransaktionen von der Anbahnung bis zur Abwicklung einschließlich des Zahlungsverkehrs beinhaltet. Im letzten Fall handelt es sich um eine Form des elektronischen Handels, sogenanntem „E-Commerce". Je nach Ausrichtung des EM können unterschiedliche Angebotsschwerpunkte wie Übersichts-, Mittler- oder Abwicklungsfunktion im Vordergrund stehen.[137] Online-Auktionen, als spezielle Ausprägung von EM, erfreuen sich auch im Business-to-Business-Bereich zunehmender Beliebtheit. Der Automobilhersteller Ford „hat von einem Tag auf den anderen die traditionellen Lieferbeziehungen aufgelöst ... . Stattdessen werden bestimmte Teile ab sofort nur noch über Online-Auktionen eingekauft."[138] Für weitgehend standardisierte Leistungen kann über dieses marktliche Beschaffungsinstrument ein stärkerer Wettbewerb zu niedrigeren Einkaufspreisen führen. Für die Beschaffung komplexer Leistungsbündel - wie sie z.B. Projektpartner verkörpern, bei denen auch soziale Kompetenzen eine Rolle spielen - tritt der Wettbewerbsaspekt zugunsten von Informations- und Transparenzaspekten in den Hinter-

---

[135] Gaul, W./Klein, T., 1998, S. 36.
[136] Konkrete Beispiele für EM, die bei der Suche nach Projektpartnern genutzt werden können, sind z.B. MacTemps (http://www.mactemps.com), das einen Pool für Computerspezialisten darstellt, Newplan (http://www.newplan.compuserve.de) oder die Freelancer-Datenbank für die Werbebranche (http://www.freelancer.werbung.de), vgl. Reiss, M., 1999, S. 62.
[137] Vgl. Gaul, W./Klein, T., 1998, S. 36ff.
[138] Gillies, C., 1999, S. WW1.

grund. Als hauptsächlicher Vorteil bieten sich im Vergleich zu traditionellen Aus-
schreibungsverfahren bei EM niedrigere Transaktionskosten.

Durch computerbasierte Such- und Entscheidungsunterstützungstools kann auf EM
der Aufwand der Informationssuche und -selektion hinsichtlich geeigneter Projektpartner stark reduziert werden. Dies ist besonders wichtig bei einem Medium
wie dem Internet, denn dieses ist in besonderem Maße von einem „overnewsed-
but-underinformed-Effekt"[139] betroffen. Die Menge der online verfügbaren Informationen über sich auf EM anbietende Kompetenzträger wird durch entsprechende
Grob- und Feinselektionsmechanismen reduziert und die optimierte Teilauswahl
mittels Präsentationstools aufbereitet dargestellt. Dies vereinfacht und erleichtert
die Entscheidungsfindung.[140]

Damit EM bei der Suche nach geeigneten Projektpartnern praktische Relevanz
zukommt und eine hinreichende Aussicht darauf besteht, daß sich komplementäre
Partner finden, muß der Pool von Anbietern und Nachfragern entsprechend groß
sein. Dies sicherzustellen bleibt eine Herausforderung für Betreiber von EM. Da
über ausschließlich online zustande gekommene Kontakte - gerade im internationalen Kontext - kaum Hinweise auf die Arbeitsweise, Vertrauenswürdigkeit und
Persönlichkeit von potentiellen Partnern ableitbar sind, empfiehlt es sich, auf tradi-
tionellem Wege zusätzliche Informationen einzuholen. Aus diesem Grunde wird
trotz der Vorteile von EM aus persönlichen Kontakten erwachsenden Geschäftsbeziehungen oftmals der Vorzug bei der Partnersuche gegeben. Es könnten sich
aber Institutionen - sogenannte „Trusted Third Parties" - bilden, die gewisserma-
ßen für die Seriosität des auf EM Angebotenen bürgen. Hier kämen Institutionen
wie Banken und Kreditauskunfteien in Betracht. Aber auch Betreiber von EM
könnten ihr Angebot zusätzlich attraktiv gestalten, wenn es ihnen gelingt, sich
selbst als vertrauenswürdig zu etablieren und die Aufnahme von Anbietern dann
für deren Vertrauenswürdigkeit bürgt.

Auf elektronischem Wege werden bereits unzählige Waren und Dienstleistungen
gehandelt und auch VU müssen prüfen, inwieweit sie auf diesem Wege ihr Leistungsangebot „virtuell" vermarkten können. Wie beschrieben trifft dies auch für
die Leistungsaustauschprozesse der Partner untereinander zu. Dabei kann über die
Vorteilhaftigkeit dieses Vertriebsweges für VU keine generelle Aussage getroffen

---

[139] Vgl. Grob, H.L./Bieletzke, S., 1998, S. 109.
[140] Vgl. Gaul, W.,/Klein, T., 1998, S. 39f.

werden, vielmehr hängt dies - wie bei konventionellen Unternehmen auch - von den zu vermarktenden Leistungen ab.

Marktforschungsinstitute prognostizieren ein anhaltendes sehr starkes Wachstum für „E-Commerce". Das Schwergewicht des Internet-Handels wird „bei Transaktionen zwischen Firmen liegen".[141] Das geschätzte Spektrum reicht von einem Umsatzvolumen in der Größenordnung von 50 Milliarden US-Dollar weltweit in 1999 bis zu 700 Milliarden US-Dollar nur ein Jahr später.[142] Der Vorstandssprecher der SAP AG, Hasso Plattner, geht davon aus, „daß in den kommenden zwei bis drei Jahren die Hälfte von Produkten wie Bürozubehör oder Computer ... über das Internet gekauft wird."[143] Die Aktienkurse von Unternehmen, die ganz auf das Internet als Vertriebskanal setzen, sind - wie der des Vorzeigeunternehmens „amazon.com" - in Antizipation des erwarteten Umsatz- und Gewinnwachstums z.T. explosionsartig gestiegen. Allerdings sind bei diesen Börsennotierungen überdurchschnittliche Volatilitäten zu beobachten. Da weder ausreichend lange Zeitreihen von Vergangenheitsdaten noch allgemein akzeptierte Abgrenzungen von „E-Commerce" existieren und über die weitere Evolution einer Innovation wie dem Internet nur mehr oder weniger begründet spekuliert werden kann, sind diese Prognosen mit einiger Unsicherheit behaftet und entsprechend kritisch zu sehen.

Bereits für viele materielle Güter ermöglicht der elektronische Handel durch geringeren Prozeßaufwand ein großes Kostensparpotential und stellt einen attraktiven alternativen Vertriebsweg dar. Für immaterielle Güter wie Computersoftware oder Datenbankinformationen trifft dies in noch stärkerem Maße zu.[144] Hier kann das Internet nicht nur zur Absatzgenerierung eingesetzt, sondern kann auch direkt als Distributionskanal genutzt werden. Dabei bieten sich Vorteile wie eine hohe Aktualität und Reaktionsgeschwindigkeit, eine jederzeitige Lieferfähigkeit, ein weltweites Angebot und kaum Kosten für Transport, Verpackung und Zahlungsabwicklung. Auch kleineren und mittleren Unternehmen mit eingeschränkten finanziellen Ressourcen eröffnen sich so Möglichkeiten einer Internationalisierung.[145]

---

[141] O.V., 1999b, S. 13, ähnlich Gillies, C., 1999, S. WW1.
[142] Gartner, G. I., 1999, S. B1.
[143] O.V., 1999a, S. 14.
[144] O.V., 1999d, S. 14.
[145] Vgl. Wißmeier, U.K., 1998, S. 46.

4.2.2 Electronic Meetings

Für VU bietet sich der Einsatz sogenannter Electronic Meetings[146] anstelle traditioneller Besprechungen an, da räumliche Verteiltheit der Projektpartner und zeitliche Verschiebungen so kein Problem mehr darstellen. Die elektronische Durchführung von Meetings ermöglicht diese oftmals überhaupt erst. Zudem sind sie meist schneller und effizienter in der Durchführung, was die Flexibilität erhöht und die Wettbewerbsfähigkeit steigert. In der Praxis finden sich diesbezüglich z.T. eindrucksvolle Erfolgsberichte.[147]

Bei Electronic Meetings geben Teilnehmer an vernetzten PCs ihre Gedanken, Meinungen, Abstimmungen und sonstigen Beiträge direkt ein, und das System hält fest, was jeder einzelne zu „sagen" hat. Dabei verläuft nicht zwangsläufig die gesamte Kommunikation computergestützt, es bleibt auch Raum für verbal-persönliche Diskussionen. Diese sind unverzichtbar, weil in diesem Rahmen auch informelle Kontakte und stärkere emotionale Bindungen entstehen können. Die höhere Effizienz von elektronischen Sitzungen resultiert aus einer Reihe von Eigenschaften des Systems: Der Sitzungsleiter bzw. Moderator bereitet eine Agenda vor, wobei die Durchführung vom System durch entsprechende Programm-Module für die einzelnen Aufgabenbündel wie z.B. Brainstorming, Abstimmung, Strukturbildung, etc. unterstützt wird. Durch parallelen Input können alle Teilnehmer gleichzeitig die Eingaben aller anderen Teilnehmer lesen. Bei Bedarf können alle benötigten Daten und Anwendungen ohne zeitliche Verzögerung aus dem Netz aufgerufen werden. Da die Beiträge i.d.R. anonym eingebracht werden, werden diese eher auf der Basis des sachlichen Gehalts bewertet, und es gibt keine Verzerrungen durch die hierarchische Position oder Überzeugungskraft des Einbringenden. Dies wirkt auch Frustrationen entgegen. Elektronische Abstimmungen verlaufen schnell und einfach. Ergebnisse werden automatisch protokolliert und sind beliebig lange für spätere Nutzungen verfügbar, was einen Schritt zur „Lernenden Organisation" bedeutet.[148] Schließlich ermöglichen Elektronische Meetings durch ihre klare Strukturierung einer wesentlich größeren Teilnehmerzahl die aktive und gleichberechtigte Teilhabe an Entscheidungsprozessen.

---

[146] Eine Software für die Durchführung von Electronic Meetings ist z.B. „GroupSystems"®.
[147] Vgl. Waldeck, B., 1998, S. 229, der hier einige Erfolgsbeispiele skizziert.
[148] Vgl. ebenda, S. 222ff.

Die Anwendungsmöglichkeiten von Electronic Meetings sind vielfältig und finden sich in nahezu allen Bereichen und Branchen.[149] Sie eignen sich prinzipiell für jede Art von Teamaktivität und können z.b. für Lieferantenbewertungen, die Ableitung von Zukunftsvisionen oder Qualitätsprogramme eingesetzt werden. Eine 'Focus Group' als Auswahl von Personen, die nach ihren Meinungen und Bedürfnissen befragt wird und damit Markttrends und Produktwünsche offenlegt oder eine Prototypenbeurteilung zuläßt. Aufgrund der Anonymität werden Meinungen frei geäußert. Leistungsanforderungen können einfach gewichtet, strukturiert und ausgewertet werden.[150] Besonderes Augenmerk verdienen Elektronische Meetings im Zusammenhang mit VU durch die Unterstützung von Möglichkeiten der Einbindung von Kunden, Projektpartnern und weiteren Kompetenzträgern in die Produktentwicklung. Dabei stellen Electronic Meetings kein rivalisierendes weiteres Konzept einer „integrierten" Produktentwicklung dar, sondern vielmehr ein kommunikatives Hilfsmittel.

---

[149] Vgl. ebenda, S. 225.
[150] Vgl. ebenda, S. 226f.

5 Controlling

Die Betriebswirtschaftslehre hat sich intensiv mit dem Thema Controlling beschäftigt, doch bisher hat sich im deutschen Sprachraum kein einheitliches Begriffsverständnis herausgebildet. Übereinstimmend wird Controlling als Unterstützungsfunktion für das Management verstanden. In seiner konkreten Ausprägung können die informationsorientierte, die planungs- und kontrollorientierte sowie die koordinationsorientierte Controllingkonzeption unterschieden werden. Den nachfolgenden Überlegungen wird die planungs- und kontrollorientierte Perspektive zugrunde gelegt, die zur Zeit in Theorie und Praxis dominiert.[151] Die Aufgaben des Controllings gehen heute über den Aspekt der reinen Kostenkontrolle hinaus. Ein derart breiter Controlling-Begriff berücksichtigt eine Vielfalt von Controlling-Gegenständen, die von der Kostenkalkulation bis hin zur Qualitätssicherung reichen können.[152]

Controlling-spezifische Merkmale lassen sich aus den Managementaufgaben netzwerkartiger Kooperationen ableiten, die Abbildung 8 zeigt. Hier ist zwischen der strategischen und der operativen Ebene zu unterscheiden. Die Auswahl der Kooperationspartner, das Evaluieren des Netzwerks, das Regulieren der Durchführung und das Analysieren der Umwelt sind Aufgaben der strategischen Ebene, denen das Initiieren der Kooperation vor- und das Beenden der Kooperation nachgeordnet sind. Auf der operativen Ebene fallen die Auftragsakquise, die Konfiguration des Netzwerkes für einen bestimmten Auftrag, das Durchführen des Auftrags und das Auflösen der spezifischen Konfiguration an. Diese Aufgaben sind sequentiell für jeden Auftrag abzuarbeiten; auch bestehen Wechselwirkungen mit der strategischen Ebene. Auf beiden Ebenen ist ergänzend die Informationsversorgung sicherzustellen.[153]

---

[151] Vgl. Veil, T./Hess, T., 1998a, S. 3.
[152] Vgl. Scholz, C., 1995, S. 182f.
[153] Vgl. Veil, T./Hess, T., 1998a, S. 4ff.

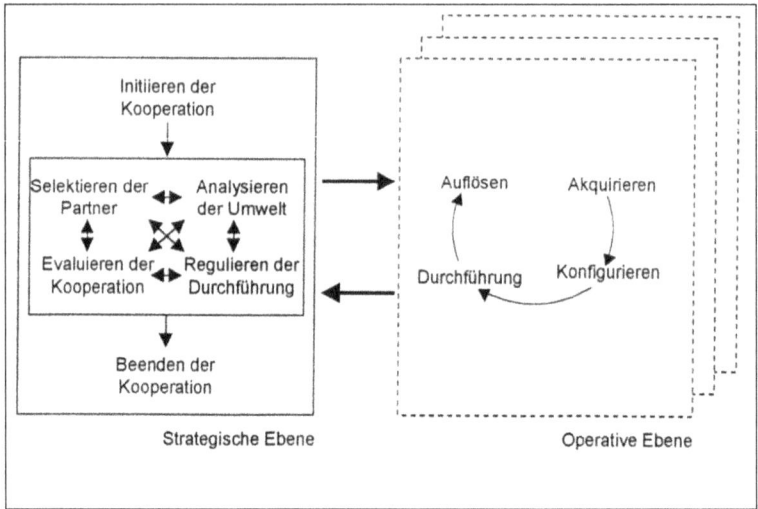

Abbildung 8: Managementaufgaben in einem Unternehmensnetzwerk[154]

Für das Controlling lassen aus diesen Managementaufgaben die in Abbildung 9 aufgeführten Aufgaben von Planung und Kontrolle in Unternehmensnetzwerken ableiten.

	Managementaufgabe	Aufgaben von Planung und Kontrolle
Strategische Planung und Kontrolle	Selektieren der Partner	Transparenz über die möglichen Beiträge einzelner Partner
	Evaluieren der Kooperation	Bewertung der Gesamtleistung und der Beiträge einzelner Partner
	Analysieren der Umwelt	Analyse der Märkte und des Umfelds
	Regulieren der Durchführung	Analyse der eigenen Fähigkeiten, auftragsunabhängiges Erfolgsfaktorenmanagement
Operative Planung und Kontrolle	Akquirieren	-
	Konfigurieren	Planen des Durchführens (insbesondere Auftragskalkulation und Aufgabenverteilung)
	Durchführen	Überwachen des Durchführens (auftragsabhängiges Erfolgsfaktorenmanagement)
	Auflösen	Verteilen von Koordinationskosten

Abbildung 9: Aufgaben von Planung und Kontrolle in Unternehmensnetzwerken[155]

---

[154] Veil, T./Hess, T., 1998a, S. 5.
[155] Ebenda, S. 6.

Obwohl in der Literatur diskutierte Ansätze wie z.B. Projekt- oder Prozeßcontrolling mit dem Netzwerkcontrolling verwandt sind und insofern ihre Übertragung auf ein VU-Controlling fruchtbar sein dürfte,[156] beziehen sich die folgenden Ausführungen speziell auf das von Christian Scholz für VU entwickelte Controllingsystem.[157] Dieses befaßt sich explizit mit VU, ist umfassend beschrieben und hat einen generalisierten Anspruch. Umfassend bedeutet, daß Ziele, Aufgaben, Instrumente und Organisation eines Controllingsystems beschrieben werden. Ein System liegt generalisiert vor, wenn der Anspruch der Allgemeingültigkeit erhoben wird und nicht nur Einzelfallerfahrungen berichtet werden.[158]

5.1 Notwendigkeit eines Controllings für Virtuelle Unternehmen

Scholz sieht den Bedarf eines Controlling für VU in den besonderen Risiken, die diese Organisationsform mit sich bringt. Er sieht systemimmanente Schwächen zum einen, „wenn es um die stringente Ausrichtung auf Unternehmensziele und um die durchgängige Verbesserung der Gesamteffizienz"[159], zum anderen, wenn es um die Auswahl und die Kombination geeigneter Partner bzw. Kernkompetenzen geht. Auf der Ebene der Partner sieht Scholz die Gefahr einer „Konkurrenzsituation, über die das Virtuelle Unternehmen sich zum Spielball von Macht und Willkür der Partner entwickeln kann"[160], hervorgerufen durch eine unzureichend solide Vertrauensbasis. Dies führt zudem zu Schwierigkeiten bei der Verteilung gemeinsam erwirtschafteter Gewinne. Gewisse Risiken lassen sich durch eine ausgeprägte Unternehmenskultur zwar verringern. Ein konsistentes Werte- und Normensystem einer Organisation übernimmt dabei insbesondere eine Motivations- und Koordinationsfunktion. Die Unternehmenskultur mit ihren Teilbereichen der Vertrauenskultur sowie der Kunden- und Leistungsorientierung dient der Schaffung einer stabilen Basis für die Zusammenarbeit der Partner. Auf der Grundlage des konstituierenden Merkmals der Flexibilität kann sich im VU eine steuerungsadäquate Unternehmenskultur aber nur schwer bilden. Zur Steuerung bedarf es daher der Ergänzung um ein betriebsübergreifendes Controlling, da auch ein VU „eine nach betriebswirtschaftlichen Grundprinzipien aufgebaute Organisation" darstellt, „die planvoll gestaltet marktbezogene Leistungen erbringen soll".[161]

---

[156] Vgl. hierzu etwa Wohlgemuth, O./Hess, T., 1999.
[157] Vgl. Scholz, C., 1995.
[158] Vgl. Veil, T./Hess, T., 1998b, S. 5f.
[159] Vgl. Scholz, C., 1995, S. 181.
[160] Ebenda, S. 181.
[161] Ebenda, S. 182.

5.2 Ziele und Aufgaben

Ausgehend von einem auf Horváth basierenden Controlling-Verständnis beschreibt Scholz das Ziel des Controllings als „die für den betrieblichen Erfolg wichtige Koordinations-, Reaktions- und Adaptionsfähigkeit im Unternehmen zu sichern und zu erhalten"[162]. Er überträgt dieses Verständnis auf das VU-Konzept und leitet als Inhalte eines VU-Controllings den Marktbezug, den Virtualisierungsprozeß, d.h. die Koordination der Zusammenarbeit sowie die VU-Tauglichkeit im Sinne einer Aktions- und Reaktionsfähigkeit der Partner ab. Die genannten Aufgaben ergänzen die partnereigenen Controllinginhalte.

Im Rahmen der Sicherung des Marktbezugs und der damit einhergehenden Anpassungsfähigkeit an Marktveränderungen ist es v.a. Aufgabe des VU-Controllings, einen marktadäquaten Preis für die angebotenen Leistungen zu bestimmen, der die Grundlage für die daraus abzuleitende Kostenstruktur darstellt. Hinsichtlich der virtuellen Zusammenarbeit ist besonders die Verteilung der Gemeinkosten Aufgabe des Controllings. Die VU-Tauglichkeit zu sichern ist ein weiteres Aufgabenfeld. Als Gegenstände des Controllings kommen nach Scholz v.a. die Konzentration der Partner auf ihre jeweiligen Kernkompetenzen und die Steuerung der Teilleistungsprozesse in Betracht.[163]

Scholz berücksichtigt bei seinen Ausführungen ein implizites und ein explizites Controlling-Paradigma. Die Verfechter des „impliziten" Paradigmas gehen davon aus, daß die „unsichtbare Hand einer (automatischen) Selbstorganisation"[164] eine zusätzliche Controlling-Instanz auf Ebene des VU, d.h. ein bewußtes Controlling, überflüssig mache. Ein zusätzliches Controlling würde darüber hinaus eine zusätzliche Instanz verlangen und damit gegen das Grundprinzip verstoßen, nach dem VU ohne zusätzlichen Overhead auskommen sollen. Die Verfechter des „expliziten" Paradigmas halten ein dagegen bewußtes VU-Controlling für notwendig, wenn auch für sehr kompliziert. Abbildung 10 zeigt den Rahmen, den Scholz seinen Ausführungen für ein VU-Controlling zugrunde legt.

---

[162] Vgl. ebenda, S. 183.
[163] Vgl. Veil, T., Hess, T., 1998b, S. 8f.

Controlling

allgemein   VU-spezifisch

Controlling-Aufgaben Controlling-Gegenstände   Controlling-Inhalte Controlling-Paradigmen

Koordination der Planung
Kontrolle
Informationsversorgung
Frühwarnfunktion

Kostenkalkulation
:
Qualitätssicherung

Marktbezug
Virtualisierungsprozess
VU-Tauglichkeit

implizit
explizit

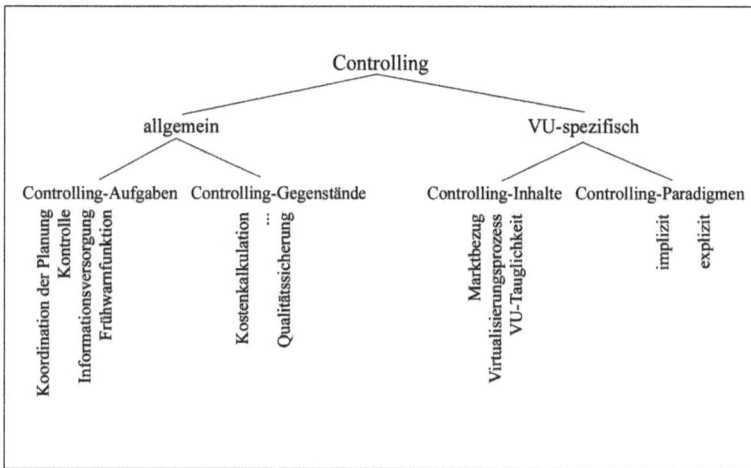

Abbildung 10: Rahmen für ein Controlling nach Scholz[165]

5.3 Instrumente

Hinsichtlich des Controllings des Marktbezuges und der Adaptionsfähigkeit zeigt Scholz, wie ein adäquater Preis für eine Leistung des VUs festzulegen ist. Auf dem impliziten Paradigma beruhende Überlegungen führen abhängig von der Ausgangssituation zu unterschiedlichen Lösungen: In einer Situation geringer Preiselastizität, wie z.B. bei neuartigen oder sehr spezifischen Leistungen, bestimmt sich der Preis auf Grundlage der Qualitätsanforderungen des Marktes bzw. der Kunden. In einer Konkurrenzsituation, in welcher der Preis vom Markt bestimmt wird, gewährleistet der Marktpreis die Marktorientierung. In beiden Fällen wird sich aber das VU nicht mit einem bewußten Controlling des Marktbezuges befassen. Eine differenziertere Auseinandersetzung mit den Marktbedingungen führt nach Scholz jedoch zu dem Erfordernis eines expliziten VU-Controllings. Wenn das Angebot des Unternehmens nicht mit den Markterfordernissen übereinstimmt, ergeben sich durch ein herkömmliches Kostenmanagement kaum Problemlösungsbeiträge. Hier bietet sich das strategische Kostenmanagement-Instrument des Target Costing an, dessen Grundidee in der Frage zum Ausdruck kommt, wieviel ein Produkt kosten darf und nicht, was ein Produkt kostet. Target Costing setzt bereits in sehr frühen Produktlebenszyklusphasen an und leistet darüber hinaus

---

[164] Scholz, C., 1995, S. 183.
[165] Ebenda, S. 184.

einen wesentlichen Beitrag zur Strategieunterstützung. Es ermöglicht eine strikte Ausrichtung des Kostenmanagements an den Marktanforderungen. Auch hier werden die Anforderungen an die Leistungen eines Unternehmens sowie an Qualität und Preis des Produktes als durch den Markt exogen gegeben angesehen. Zur marktorientierten Strukturierung der Kosten bedarf es im VU der Verteilung der vorgegebenen Zielkosten auf die jeweiligen Partner.[166] Die Frage allerdings, nach welchen Kriterien bzw. Bezugsgrößen dies geschehen soll, bleibt bei Scholz unbeantwortet.

Exemplarisch für das Controlling des VU-Prozesses untersucht Scholz Möglichkeiten der Verteilung des Gemeinkostenblocks. Das implizite Controlling-Paradigma führt zu dem Ergebnis, daß die durch die Kompetenzträger im Rahmen der Teilleistungserstellung anfallenden Gemeinkosten nicht weiter zu schlüsseln sind; diese werden quasi zu „Partner-Einzelkosten" erklärt. Da das VU als ein sich selbst organisierendes Gebilde verstanden wird, existieren darüber hinaus per Definition keine Koordinations- und Steuerungsprozesse auf Ebene des gesamten Netzwerkes und hierdurch induzierte Gemeinkosten. Analoges gilt für den Planungsaspekt des Controllings im VU. Folgt man dem Prinzip einer strikten Selbstorganisation nicht, sondern vertritt die Auffassung, daß ein gewisser Overhead notwendig ist, so bedarf es einer leistungsgerechten Verteilung der dafür anfallenden Kosten. Dazu bietet sich das operative Instrument der Prozeßkostenrechnung an. Hiermit wird versucht, die wesentlichen Einflußfaktoren der Gemeinkostenentstehung, sogenannte „Cost Driver", zu identifizieren. Ein Beispiel hierfür wären die Anzahl der Fertigungsaufträge. Abteilungsübergreifende und für das VU wichtige Prozesse dieser Art werden in der Terminologie der Prozeßkostenrechnung als Hauptprozesse bezeichnet, deren Bestimmungsgrößen die Cost Driver sind. Die Hauptprozesse wiederum setzen sich aus mehreren Teilprozessen zu einer Prozeßkette zusammen. Die Verteilung der Gemeinkosten und damit die Feststellung der Prozeßkosten kann anhand dieser Prozeßketten proaktiv für die Zukunft geplant oder retrograd anhand von Vergangenheitswerten ermittelt werden. Auf VU angewandt, können die Teilleistungen der Partner als relevante Hauptprozesse im Sinne einer Prozeßkostenrechnung aufgefaßt werden. Für die auf unternehmensübergreifender Ebene anfallenden Gemeinkosten muß ein Verteilalgorithmus gefunden werden, der diese adäquat auf die Hauptprozesse des VUs umlegt. Scholz schlägt hierzu „eine intelligente Softwarelösung, auf die jedes konstituierende Unterneh-

---

[166] Vgl. ebenda, S. 185f.

men zugreifen kann"[167], vor. Eine Alternative zu einem expliziten VU-Controlling sieht Scholz darin, ein Unternehmen mit Controlling-Kernkompetenz in den VU-Prozeß aufzunehmen. Bei Realisierung einer derartigen Lösung muß allerdings mit Interessenkonflikten gerechnet werden.[168]

Entscheidend für den Erfolg eines VUs ist das Potential und die Fähigkeit aller Beteiligten, sich dabei wertschöpfend einzubringen. Die strategische Notwendigkeit der Sicherstellung der VU-Tauglichkeit eines jeden Partnerunternehmens obliegt diesem unmittelbar. Ein hierauf abzielendes Controlling muß nach Scholz helfen, streng auf die eigene Kernkompetenz zu fokussieren und diese zu sichern. Ferner muß es den konkreten Leistungserstellungsprozeß der einzubringenden Einzelleistung steuern und zur Kooperationsfähigkeit beitragen. Gemäß des impliziten Paradigmas kann die VU-Tauglichkeit über eine Unternehmenskultur erreicht bzw. bewahrt werden. Eine erfolgreich im VU umgesetzte Unternehmenskultur kann zur Erreichung bzw. Sicherung der VU-Tauglichkeit beitragen und damit ein explizites Controlling substituieren. Letzteres findet seine Erfüllung im traditionellen Controlling-Ansatz auf Ebene der einzelnen Partner. Der Aspekt der Überprüfung der VU-Tauglichkeit kann in das unternehmensinterne Controlling-System integriert werden. Den Unterschied zwischen implizitem und explizitem Controlling-Paradigma kann man auch an der Frühwarnfunktion verdeutlichen: Während im expliziten Paradigma darauf verwiesen wird, diese Controlling-Aufgabe ggf. sogar einem unabhängigen Glied zuzuordnen, gelangt das implizite Controlling zu dem Ergebnis, daß eine Frühwarnfunktion bereits durch die ständige Umweltorientierung der Einzelunternehmen gewährleistet ist.[169]

5.4 Organisation

Die Frage der organisatorischen Umsetzung eines VU-Controlling behandelt Scholz nur am Rande seiner Ausführungen, und seine Empfehlungen bleiben weitgehend auf allgemeine Hinweise beschränkt. Für das implizite Controlling stellt sie sich auch gar nicht; nur dort, wo ein explizites Controlling angestrebt wird, muß dieses auch organisiert werden. Im Zusammenhang mit dem expliziten Paradigma vertritt Scholz - dem Prinzip der Selbstorganisation folgend - grundsätzlich die Ansicht, alle Planungs-, Kontroll- und Informationsversorgungsaufgaben bei

---

[167] Ebenda, S. 187.
[168] Ebenda.
[169] Vgl. ebenda, S. 189.

den einzelnen Partnerunternehmen anzusiedeln und die Koordination zwischen den Partnern gegebenenfalls durch Software-Lösungen zu unterstützen. Mit dem Hinweis auf die Möglichkeit der Aufnahme einer Kernkompetenz „Controlling" in Form eines weiteren konstituierenden Unternehmens weicht Scholz jedoch von dem Postulat der Selbstorganisation im Bereich des VU-Controllings ab.[170]

5.5 Controlling Virtueller Unternehmen in der Praxis

Eine explorative Fallstudienanalyse von Tim Veil und Thomas Hess[171] liefert Hinweise auf den Entwicklungsstand des Controllings von Unternehmensnetzwerken in der Praxis. Es werden insgesamt fünf Fallstudien untersucht, die anhand halbstrukturierter Interviews zwischen April und Dezember 1998 erhoben wurden. Wenngleich die untersuchten Unternehmen nicht im strengen Sinne der Definition als VU gelten können, so werden sie dennoch in der Literatur oft in diesem Zusammenhang erwähnt bzw. tragen im Firmennamen einen Hinweis auf ihre „Virtualität".

Eine Synopse der fünf Fälle zeigt, daß die strategische Planung und Kontrolle in den untersuchten Fällen nur einen geringen Stellenwert einnimmt. Lediglich in einem Fall wird eine strategische Controlling-Aufgabe instrumentell unterstützt.[172] Für fokale Netzwerke überrascht dies nicht, denn es ist zu vermuten, daß das strategische Controlling hier implizit durch den fokalen Partner übernommen wird. Bei polyzentrischen Netzwerken kann das Defizit mit einer noch nicht abgeschlossenen Initiierungsphase begründet werden. Auch in traditionell-integrierten Unternehmen sind in der Aufbauphase kaum Instrumente des strategischen Controllings implementiert.[173]

Für die operative Planung und Kontrolle sowie die Informationsversorgung ergibt sich ein anderes Bild. Bei der Planung der Aufgabenverteilung werden durchweg marktliche Instrumente auf Basis der Kenntnisse über Partner eingesetzt, wenngleich eine umfangreichere Ausschreibung nur in den selteneren Fällen vorgenommen wird. Die Kalkulation der Aufträge erfolgt in den untersuchten polyzentrischen Netzwerken jeweils auf der Basis von Teilleistungspreisen, die von den

---

[170] Vgl. ebenda, S. 187.
[171] Vgl. Veil, T./Hess, T., 1998a.
[172] Die „Virtuelle Fabrik Nordwestschweiz/Mittelland" setzt zur Schaffung von Transparenz über potentielle Partner das Instrument der Portfolioanalyse ein. Vgl. Veil, T./Hess, T., 1998a, S. 18.

Partnern frei bestimmt werden. In den fokalen Netzwerken übernimmt der fokale Partner die Auftragskalkulation. Planung und Kontrolle der Auftragsdurchführung erfolgen in allen Fällen auf der Basis von Soll/Ist-Vergleichen. Koordinationskosten werden in polyzentrischen Netzwerken durch von den Partnern bereitgestellten Beiträgen gedeckt, während in den fokalen Netzwerken diese Kosten vom fokalen Partner getragen werden. Als Instrumente der operativen Informationsversorgung über Kosten- und Erlösrechnungen sowie Mengen-, Zeit- und Qualitätsdaten der Teilleistungen werden in den untersuchten Fällen die internen Systeme des Rechnungswesens der Partnerunternehmen eingesetzt. Der Berichtsempfänger ist zumeist das koordinierende Unternehmen bzw. der Leader. Nur in zwei Netzwerken sind einzelne Auftragskalkulationen für alle Partner einsehbar. Ein formalisiertes Berichtswesen lag nur in einem der untersuchten Fälle vor; hier wurde auch das einzige mal eine Datenbank mit Controlling-Daten eingesetzt.[174]

---

[173] Vgl. Veil, T./Hess, T., 1998a, S. 22ff.
[174] Vgl. ebenda.

6 Rechtliche Aspekte

Für das Wirtschaften stellt das Rechtssystem einen verbindlichen Rahmen dar, weswegen ihm große Bedeutung für das Verhalten der Wirtschaftssubjekte zukommt. Die technische und organisatorische Planung eines VUs muß daher mit der rechtlichen Planung Hand in Hand gehen. Für VU besonders relevant sind v.a. Rechtsfragen nach der Rechtsform, nach der Ausgestaltung der interorganisationalen Rechtsbeziehungen und des Schutzes vor Machtmißbräuchen. Aus dem Umstand, daß VU oft über Ländergrenzen hinweg agieren, resultieren weitere rechtliche Spezifika, die eng mit steuerlichen Fragestellungen verbunden sind.

6.1 Rechtsformen für Virtuelle Unternehmen

Die Wahl der Rechtsform zählt zu den langfristig wirksamen Unternehmensentscheidungen, die sich nicht nur bei Gründung, sondern auch bei Änderung wesentlicher persönlicher, wirtschaftlicher, rechtlicher oder steuerlicher Faktoren stellt.[175] VU konfigurieren sich definitionsgemäß aus rechtlich unabhängigen Unternehmen für eine zeitlich begrenzte Kooperation. Wird ein Auftrag akquiriert, schließt oftmals der Broker als Auftragnehmer einen Vertrag mit dem Kunden und beteiligt die Partnerunternehmen als Subunternehmer.[176] Die Frage nach der optimalen Rechtsform stellt sich für die einzelnen Kooperationspartner zunächst nicht. Dies gilt zumindest solange, wie die Wahl der Rechtsform für die Kooperationspartner unabhängig von ihrer Partizipation an VU ist. Für Unternehmen, die noch nicht in Netzwerken mitgearbeitet haben und sich nun in diese Richtung entwickeln möchten, ist dieser Umstand möglicherweise als eine die Rechtsformwahl betreffende Änderung der Umweltfaktoren zu bewerten, die eine Umwandlung notwendig machen kann. Wenn diesbezüglich Gestaltungsspielraum besteht, stellt sich für das VU selbst die Frage, ob es sinnvoll ist, dieses - einem Joint-Venture vergleichbar - in einer eigenen Rechtsform zu führen und ferner, welche Rechtsform hierfür angemessen ist.

---

[175] Vgl. Wöhe, G., 1996, S. 328.
[176] Vgl. Veil, T./Hess, T., 1998a, S. 8ff, die dies anhand der „Fallstudie I: The Virtual Company" illustrieren.

Bei der Wahl der Rechtsform sind üblicherweise folgende Merkmale miteinander zu vergleichen:

- Rechtsgestaltung, insbesondere die Haftung,
- Leitungsbefugnisse,
- Ergebnisverteilung und Entnahmerechte,
- Finanzierungsmöglichkeiten mit Eigen- und Fremdkapital,
- Flexibilität bei der Änderung von Beteiligungsverhältnissen und bei Eintritt bzw. Ausscheiden von Gesellschaftern,
- gesetzliche Vorschriften über Umfang, Inhalt, Prüfung und Offenlegung des Jahresabschlusses,
- Aufwendungen der Rechtsform,
- Steuerbelastung.[177]

Dabei ist zu beachten, daß nicht alle Entscheidungskriterien zu quantifizieren sind und daß zwischen diesen Interdependenzen bestehen.[178]

Besonders für den Auftritt nach außen kann es problematisch sein, wenn dem VU das gemeinsame juristische Dach fehlt. Dies ist beispielsweise bei der Arbeitsgemeinschaft der Fall, allerdings ohne daß dies wie bei VU ein Problem darstellt. Die Arbeitsgemeinschaft bezeichnet als Rechtsbegriff i.d.R. einen netzwerkartigen Zusammenschluß rechtlich und wirtschaftlich unabhängiger Bauunternehmungen und Handwerker zur Durchführung größerer Bauvorhaben.[179] Haftung, Vertretung und Handelsregistereintrag mit Angaben über den Geschäftszweck und die an der Firma Beteiligten sind für potentielle Kunden, Lieferanten, Kreditgeber und die Öffentlichkeit Informationsquellen einer in einer eigenen Rechtsform inkorporierten Gesellschaft, die Sicherheit symbolisieren. Bei VU können an die Stelle der Rechtsform andere Garantien treten, wie z.B. erfolgreich abgeschlossene Projekte oder die Reputation der Projektpartner. Dann wird Sicherheit mehr aus den beteiligten Personen als aus der Rechtsform generiert.[180] Wenn Außenstehende sich aber mit jeweils einzelnen Projektpartnern konfrontiert sehen, kann deren Kapital- und eventuell sogar Kompetenzbasis eingeschränkt sein bzw. so erscheinen. Es kann dann möglicherweise schwierig sein, das Projekt zu finanzieren und Kunden zu akquirieren. Auch für die Regelung interner Belange wie Leitungsbefugnisse,

---

[177] Vgl. Wöhe, G., 1996, S. 328.
[178] Vgl. ebenda.
[179] Vgl. Schräder, A., 1996, S. 21f.

Ressourcen- und Ergebnisverteilung sowie Wechsel von Gesellschaftern kann es Sicherheit und einen reduzierten Koordinationsaufwand bedeuten, wenn das VU auf eine institutionell abgesicherte Basis in Form einer eigenen Rechtsform zurückgreifen kann. Dies entspricht dann allerdings nicht mehr dem definitorischen Idealmodell eines VU, da das gemeinsame juristische Dach integrativ wirkt und insofern dem VU-Konzept entgegensteht. In der Praxis wird jedoch von solchen Fällen berichtet, ohne daß die virtuellen Strukturen beeinträchtigt worden wären.[181]

Rechtsformen mit eigentums- und vertragsrechtlich genau definierten Grenzen, dauerhaften Ressourcenzuordnungen und festen Aufbau- und Ablaufstrukturen stellen den Gegenpol zu virtuellen Organisationsformen dar.[182] Da das Gesellschaftsrecht auf die Belange der ersteren zugeschnitten ist, wird zu diskutieren sein, welche Rechtsformen sich nach deutschem Recht für die letzteren anbieten. Ebenso wie es nicht *das* VU gibt, kann es auch nicht *die* Rechtsform für VU geben. Die angemessene rechtliche Konstitution eines solchen hängt vielmehr von seiner konkreten Ausgestaltung ab. Der Typisierung von VU aus Abschnitt 2.3.1 und 2.3.2 folgend, kommt den Faktoren „Vorhandensein eines Leaders" und „Dauerhaftigkeit der Kooperationsbeziehungen" Bedeutung zu. Ferner spielt bei der Wahl der Rechtsform der Geschäftsumfang des VUs und die Anzahl der einbezogenen Partner eine Rolle. Auch kann es relevant sein, welche spezifischen Leistungen das VU anbietet.

Bei großem Geschäftsumfang und bei geplanter längerer Projektabwicklung, kommt als Rechtsform die zu den Kapitalgesellschaften zählende Aktiengesellschaft (AG) in Frage. Dabei ist es denkbar, daß ein Broker die Rechtsform der AG wählt, während die übrigen Kooperationspartner in anderen Rechtsformen firmieren; u.U. werden auch wechselseitige Beteiligungen gehalten. Bei der AG stehen sich die Gesellschaft als juristische Person und die Gesellschafter als juristische oder natürliche Personen als fremde Rechtspersonen gegenüber. Der Gründungsaufwand und der laufende Aufwand ist bei dieser Rechtsform vergleichsweise hoch. Auch kann die AG nicht ad hoc gegründet werden, um sehr kurzfristige Marktchancen zu nutzen. Doch sie bietet den Vorteil, daß leicht eine größere Anzahl an Projektpartnern als Aktionäre einbezogen werden können, die schnell aufgenommen werden oder ausscheiden können. Durch den einfachen Zugang zu

---

[180] Vgl. Vogt Baatiche, G.G., 1998, S. 179.
[181] Vgl. Veil, T./Hess, T., 1998a, S. 11ff, die in der „Fallstudie II: Techno Pool" von einen solchen Fall berichten.
[182] Vgl. Picot, A./Reichwald, R./Wigand, R.T., 1996, S. 356f.

Kapitalmärkten können größere finanzielle Ressourcen angezogen und so umfangreiche Projekte finanziert werden. Wichtig ist, daß bei der AG die Haftung der Aktionäre beschränkt bleibt, da ansonsten ein Projektpartner für von anderen verursachte Schäden - auf die er selbst keinen Einluß hat - mit aufkommen müßte. Außerdem werden von VU oft innovative Marktnischen besetzt, was große Chancen aber auch erhöhte Risiken bedeutet. Je länger die Kooperationspartner sich allerdings kennen und je mehr Vertrauen sich gebildet hat, desto mehr rückt der Aspekt der Haftungsbeschränkung in den Hintergrund. Ein weiteres wichtiges Kriterium ist, daß es die Rechtsform der AG z.B. durch wechselseitige Kapitalbeteiligungen leicht ermöglicht, flexibel Ressourcen aus den Unternehmen herauszulösen und mit externen Partnern zu kombinieren. Durch die strenge Trennung zwischen Eigentümern und Betriebsleitung ergibt sich, daß nur die Mitglieder des Vorstandes die operativen Führungsentscheidungen treffen. Dieser Umstand macht die AG für eher hierarchische Netzwerke interessant.

Hierarchische Netzwerke als Konzentrationsformen ähneln Unterordnungskonzernen, in denen das fokale Unternehmen versucht, seine Machtposition auch rechtlich zu begründen. Im Idealmodell eines VUs sind die Projektpartner gleichberechtigt und insofern ist zu diskutieren, ob ein Gleichordnungskonzern entstehen kann. Hiervon spricht man gemäß §18 Abs. 2 Aktiengesetz, wenn sich mehrere Unternehmen ganz oder teilweise einer einheitlichen Leitung unterstellen, ohne daß zwischen den Konzernunternehmen und der Konzernleitung Abhängigkeiten bestehen. Als Koordinierungsmittel kommen zumeist vertragliche Absprachen, finanzielle bzw. personelle Verflechtungen oder die Schaffung von Gemeinschaftsorganen in Betracht. Die einheitliche Leitung beruht zumeist auf einem konkludent abgeschlossenen Gesellschaftsvertrag über eine Gesellschaft bürgerlichen Rechts, doch hat der Bundesgerichtshof die Existenz eines faktischen Gleichordnungskonzerns im Grundsatz anerkannt. Die Gleichordnung erfolgt hier ohne vertragliche Grundlage v.a. durch personelle Verflechtung. Kooperative Verbindungen können Gleichordnungskonzerne sein, wenn die Abstimmung nicht mehr nur einzelne Marktstrategien erfaßt, sondern auf Grundfragen der Geschäftspolitik und der Unternehmensplanung ausgedehnt wird. Arbeiten Unternehmen zeitlich begrenzt in einem VU zusammen, werden i.d.R. keine gemeinsamen Organe gebildet, und es fehlen regelmäßig die für eine gemeinsame Leitung erforderlichen Koordinierungsmittel. Auch die Unternehmensplanung wird im VU allenfalls partiell koordiniert. Derzeit ist das Konzernrecht nicht in der Lage, dem kooperativen Charakter von VU hinreichend Rechnung zu tragen, da es auf einseitige Abhängigkeit oder einheitliche Leitung abstellt.[183]

Regelmäßig wird die zu den Personengesellschaften zählende Gesellschaft bürgerlichen Rechts (GbR) nach §705 des Bürgerlichen Gesetzbuches (BGB) als Rechtsform für VU in Betracht kommen. So stellt das Konsortium auf Basis eines Gesellschaftsvertrages eine Vereinigung mehrerer Unternehmen zur Durchführung eines Geschäfts in Form einer GbR dar.[184] Gerade bei hinsichtlich Geschäftsumfang und Anzahl der Projektpartner kleineren VU, die kurzfristige Marktchancen nutzen wollen, wird oft die GbR gewählt. Diese ist schnell und mit geringem Aufwand durch formlosen Gesellschaftsvertrag zwischen natürlichen oder juristischen Personen zu gründen. Laufende Aufwendungen fallen in geringerem Maße an als dies bei Kapitalgesellschaften der Fall ist. Zwar kann der Gesellschaftsvertrag die Geschäftsführung auf einzelne Gesellschafter übertragen, da die Geschäftsführung nach § 709 Abs. 1 BGB grundsätzlich aber allen Gesellschaftern zusteht, ist für jedes Geschäft die Zustimmung aller Gesellschafter notwendig. In Fragen der Geschäftsführung kann es dadurch leichter zu Konflikten kommen als dies etwa bei der AG der Fall ist. Problematisch ist weiterhin die volle gesamtschuldnerische Haftung der Gesellschafter. Es ist daher zu prüfen, als wie riskant das spezifische Geschäftsfeld des VUs einzuschätzen ist. Gegebenenfalls muß von den Rechtsformen mit nicht beschränkter Haftung abgesehen werden. Ein Ausweg kann darin bestehen, haftungsbeschränkte Beteiligungsgesellschaften als Gesellschafter der GbR aufzunehmen.

In Deutschland besteht mit dem Partnerschaftsgesellschaftsgesetz (PartGG) seit dem 1. Juli 1995 die Möglichkeit sogenannte Partnergesellschaften zu bilden, die der Personengesellschaft der Offenen Handelsgesellschaft ähneln. Im Unterschied zur Gesellschaft mit beschränkter Haftung (GmbH) tragen die Partner gesamtschuldnerisch persönliche Verantwortung gegenüber ihren Geschäftspartnern (§8 Abs. 1 PartGG), im Unterschied zur Gesellschaft bürgerlichen Rechts (GbR) bietet die Partnergesellschaft einfachere Möglichkeiten der Risikobegrenzung. Die Haftung für Schaden aus fehlerhafter Berufsausübung können durch die Allgemeinen Geschäftsbedingungen (ABG) auf denjenigen Partner begrenzt werden, der diesen Kompetenzbereich zu verantworten hat (§8 Abs. 2 PartGG). Zwar sind personelle Wechsel problemlos möglich, sie müssen jedoch wie bei der Anmeldung im Part-

---

[183] Vgl. Lange, K. W., 1998a, S. 1166f.
[184] Vgl. Schräder, A., 1996, S. 20.

nerschaftsregister des Amtsgerichts registriert werden. Das Rechtsverhältnis untereinander richtet sich nach dem Partnerschaftsvertrag, der zwar der Schriftform,
aber keiner notariellen Beurkundung bedarf. Das Gründungsprozedere ist dadurch
wenig aufwendig und die Gesellschaft benötigt kein Mindestkapital. Auch ist der
Aufwand der Buchhaltung relativ gering, und es besteht keine Publizitätspflicht.
Die Gesellschaft unterliegt nicht der Gewerbe- oder Körperschaftssteuer. Da Gesellschafter nur Freiberufler und natürliche Personen werden können, ist diese
Rechtsform aber nur für kleinere VU attraktiv. Zudem ist der Geschäftszweck nach
§ 1 PartGG beschränkt auf die Ausübung eines Freien Berufes.[185]

Im gegenwärtigen deutschen Gesellschaftsrecht existieren keine üblichen Gesellschaftsformen, die der Beschreibung von VU ganz entsprechen.[186] Wenn entgegen der Definition das VU in einer eigenen Rechtsform geführt wird, ist abzuwägen, inwiefern dieses integrative Element die virtuellen Strukturen gefährdet. In
der Praxis wird je nach konkreten Anforderungen des VUs auf die oben diskutierten Rechtsformen zurückgegriffen und im Bereich des dispositiven Rechts
durch Vertragsnetzwerke ergänzt.

6.2 Interorganisationale Rechtsbeziehungen

6.2.1 Wirksamkeit elektronisch geschlossener Verträge

Wenn VU über EDV-Netzwerke kommunizieren, stellt sich die Frage, wie auf
diesem Wege geschlossene Verträge rechtlich zu bewerten sind. Ein Vertrag
kommt zustande, wenn zwei oder mehr Personen gegenseitig übereinstimmende
Willenserklärungen zur Herbeiführung eines rechtlichen Erfolges abgeben. Der
Begriff der Willenserklärung kann dahingehend ausgelegt werden, daß bestimmte
elektronische Kommunikationsflüsse einer Datenverarbeitungsanlage darunter
subsumierbar sind. Die elektronische Übermittlung von Willenserklärungen
spricht dabei nicht gegen die Wirksamkeit des Vertragsschlusses.[187] Das deutsche
Recht schreibt nur in seltenen Fällen - die zudem im Rahmen der EDI-
Kommunikation nicht relevant sind - Schriftform (§ 126 BGB), notarielle Beurkundung (§ 128 BGB) oder öffentliche Beglaubigung (§ 129 BGB) vor.

---

[185] Vgl. Vogt Baatiche, G.G., 1998, S. 178ff.
[186] Vgl. Lange, K. W., 1998a, S. 1166.
[187] Vgl. Bassenge, P., 1999, S. 67.

61

Problematisch ist die Beweisbarkeit elektronischer Willenserklärungen. Wenn keine Gegenmaßnahmen getroffen werden, können diese leicht manipuliert oder durch Übertragungsfehler verändert werden. Dies wird um so problematischer, je „offener" das EDV-System ist. Es kommen daher Protokollierungen, Empfangs-bestätigungen, zertifizierte Verschlüsselungsverfahren und sogenannte „digitale Unterschriften" in Verbindung mit Verfahren zur Identifikation und Authentisie-rung zum Einsatz, um den im Zivilprozeß an die Beweismittel gestellten Anforde-rungen zu genügen. Geschlossene Benutzergruppen können zwar als sicherer eingestuft werden, sind dafür aber weniger flexibel bei der Kopplung mit neuen Partnern. Willenserklärungen können indirekt durch entsprechende Programmier-schritte abgegeben werden, ohne daß der identifizierbare Absender selber gehan-delt hat. Dies ist beispielsweise der Fall bei automatischer Nachbestellung bei Erreichen einer Mindestbestandsmenge. Verträge können in diesen Fällen wirksam angefochten werden, wenn der Erklärende sich etwa aufgrund fehlerhafter Soft-ware im Irrtum befand (§119 BGB) oder die Willenserklärung falsch übermittelt wurde (§119 BGB). Der Anfechtende ist dann aber schadenersatzpflichtig (§122 BGB).

Zur Verbesserung der Rechtssicherheit wird bei intensiver elektronischer EDI-Kommunikation ein EDI-Rahmenvertrag geschlossen. Hierfür existieren bereits entsprechende Modellverträge.[188] Folgende Bereiche sollten dabei vertraglich v.a. geregelt werden: Festlegung von Hard- und Softwareanforderungen, Sicherheits-standards und Geheimhaltungspflichten, Dokumentations- und Archivierungs-pflichten, Verfügbarkeitszeiten, Verantwortungsbereiche, Haftungsfragen und Annahme- bzw. Ablehnungsfristen. Rahmenverträge über die elektronische Kom-munikation stellen Zugangsbarrieren dar, die die spontane Kommunikation mit bisher unbekannten Teilnehmern behindern. Dies wirkt sich negativ auf die für VU geforderte Bindungsflexibilität aus.

6.2.2 Vertragsnetzwerke

Virtuelle Organisationsformen sprengen Unternehmensgrenzen nicht nur in räum-licher und zeitlicher, sondern auch rechtlicher Hinsicht. Die Aufgabenbewältigung findet nicht mehr in statischen und wohldefinierten Strukturen statt; vielmehr erfolgt eine problembezogene, dynamische Verknüpfung von Ressourcen zur Bewältigung spezifischer, projektbezogener Aufgabenstellungen, die nach Erfüllung wieder aufgelöst wird.[189] Anders als bei klassischen Dauerschuldverhältnissen geht es nicht um die fortlaufende Wiederholung eines Leistungsaustausches. Bei Austauschbeziehungen in Netzwerken gibt es nicht mehr nur eine Hauptleistungspflicht, sondern ein Bündel mehr oder weniger gleichwertig nebeneinander stehender Leistungspflichten, die mit dem zivilrechtlichen Standardinstrumentarium nicht vollständig erfaßt werden können. In der Praxis netzwerkartiger Zusammenarbeit bedarf es zur rechtlichen Absicherung eines Vertragsnetzwerkes, d.h. eines „ausgeklügelten Systems von Verträgen, die ineinandergreifen"[190] und in ihrer Gesamtheit aufeinander abgestimmt werden müssen.[191] Dieses komplexe Gebilde kann Bestandteile wie Rahmenverträge, Einzellieferverträge, Allgemeine Einkaufs-, Verkaufs-, und Lieferbedingungen und sogenannte Richtlinien enthalten.[192] Die Austauschbeziehungen in Netzwerken sind quantitativ und qualitativ wesentlich umfassender als bei traditionellen Aufträgen und müssen flexibel gestaltbar bleiben, um im Projektfortschritt auftretende Änderungen der Rahmenbedingungen bewältigen zu können. Vertragsnetzwerke stellen die notwendige Flexibilität durch einen auf die besonderen Bedürfnisse der Parteien zugeschnittenen Langzeitvertragsschluß sicher, der schon in der Phase der gemeinsamen Entwicklungsarbeit ansetzt, bis zum Projektschluß reicht und Instrumente zur kontinuierlichen Vertragsanpassung enthält.

Die erforderlichen Verträge definieren u.a. die während der Laufzeit zu erreichenden Ziele, müssen aber auf Grund der Unabsehbarkeit künftiger Anforderungen notwendigerweise unvollständig bleiben. Sie sollten v.a. folgende Inhalte klären:

• Vertragsmechanismen zur Streitbeilegung und Entscheidungsregeln,

• Aufgaben- und Ressourcenverteilung,

• Faktoreinsatz und Ergebnisbeteiligung,

• IuK-Infrastrukturen,

• Know-how- und Urheberrechtssicherung,

---

[188] UNCITRAL (United Nations Commission of International Trade Law) hat im August 1993 einen EDI-Vertragsentwurf vorgelegt, vgl. Kilian, 1993, S. 610.
[189] Vgl. Lange, K.W., 1998a, S. 1165.
[190] Derselbe, 1998b, S. 95.
[191] Lange erklärt Vertragsnetzwerke als „eine Art symbiotisches Vertragsverhältnis"; vgl. Lange, K. W., 1998b, S. 194.
[192] Vgl. ebenda, S. 95f.

- Mitwirkungspflichten bei Forschung und Entwicklung sowie der Weiterentwicklung,
- Haftungs- und Schadensersatzregelungen.

Die enge kooperative Zusammenarbeit setzt voraus, daß die Parteien jeweils nicht nur ihre eigenen Interessen verfolgen, sondern das Gesamtwohl des Netzwerks im Auge behalten. Eine der Gefahr des opportunistischen Verhaltens entgegenwirkende Vertragsgestaltung ist in einer auf Vertrauen bauenden Organisation wie einem VU besonders wichtig. Zur Sicherstellung der wechselseitigen Rücksichtnahme und der Ausrichtung am Gesamtwohl sind Vertragsmechanismen zur Streitbeilegung ebenso erforderlich wie allgemein akzeptierte Entscheidungsregeln. Mögliche Konfliktbereiche sollten im Vorfeld erkannt, konsensual gelöst und im Ergebnis vertraglich fixiert werden. Konfliktpotential birgt v.a. die Aufgaben- und Ressourcenverteilung sowie der Faktoreinsatz und die Ergebnisbeteiligung.

Eine gegenseitige Know-how-Partizipation ist für den Erfolg des VUs unerläßlich. Doch die Sensibilität des in die Kooperation eingebrachten spezifischen Wissens, verbunden mit einem hohen Mißbrauchspotential durch moderne technische Einrichtungen, macht eine über den immaterialgüterrechtlichen Schutz hinausgehende vertragliche Absicherung der notwendigen Vertraulichkeit erforderlich. Die Verletzlichkeit der informationstechnischen Infrastruktur stellt im VU ein weiteres Risikofeld dar.[193] Durch den vernetzten EDV-Einsatz können sich durch Softwarefehler verursachte Schäden auf das gesamte Netzwerk auswirken und den Gesamtschaden potenzieren. In die bereits erwähnten EDI-Rahmenverträge sind entsprechende Regelungen aufzunehmen, die u.a. Haftungsfragen klären.

Besonders bei vorzeitiger Vertragsbeendigung wird deutlich, wie wichtig es ist, daß Regelungen die gegenseitigen Abhängigkeiten betreffend existieren. Ist ein Zulieferer beispielsweise nicht in der Lage, kurzfristig neue Abnehmer für seine spezifischen Leistungen zu finden, kann dies schnell existenzgefährdend werden. Durch Beschränkung auf nur eine Versorgungsquelle begibt sich auch der Abnehmer in gewisse Abhängigkeiten, die besonders bei Lean Production-Strukturen kritisch werden können.[194] Abhängigkeiten können sich darin auch äußern, daß man bei der Weiterentwicklung auf das spezifische Know-how der Partner ange-

---

[193] Vgl. derselbe, 1998a, S. 1168.
[194] Vgl. ebenda.

wiesen ist. Es empfiehlt sich dann, vertragliche Weiterentwicklungspflichten zu vereinbaren. Auch das in der Kooperationsbeziehung erworbene Know-how ist - neben dem eigentlichen Produktionszweck - Output der Produktion und hat einen Wert. Insofern kann es strittig werden, wer z.b. Eigentum an Urheberrechten erlangt. In diesem Zusammenhang kommt der Frage Bedeutung zu, wer im rechtlichen Sinne Arbeitgeber ist. Problematisch ist diesbezüglich nicht nur, daß im VU sich mehrere Kooperationspartner zusammen geschlossen haben und insgesamt als mögliche Arbeitgeber gelten können, sondern auch der Komplex der sogenannten „Scheinselbständigkeit". Während ein Arbeitgeber im Regelfall Anspruch auf die Entwicklungen seiner Mitarbeiter hat, die ihrerseits gegen diesen arbeitsrechtliche Ansprüche geltend machen können, gibt es im Falle der Selbständigkeit Unterschiede.

Je stärker die Arbeitsteilung an den spezifischen Bedürfnissen des Netzwerkes ausgerichtet ist und je mehr Kontrolle über eigene Ressourcen verloren geht, desto stärker sind die beiderseitigen Abhängigkeiten ausgeprägt. Damit die mit Abhängigkeiten verbundenen Vorteile genutzt und die Risiken minimiert werden, müssen vertragliche Vereinbarungen, v.a. die Binnenhaftung betreffend, geschlossen werden. Das traditionelle Schuldrecht allein stößt mit seiner Betonung der isolierten Austauschbeziehungen in netzwerkartigen Strukturen an seine Grenzen. Je länger die Kooperationsbeziehungen zwischen Netzwerkteilnehmern bestehen, desto mehr kann sich Vertrauen bilden, das in Grenzen vertragliche Absprachen entbehrlich macht. Dies wirkt flexibilitätserhöhend und spart Zeit und Ressourcen, doch es besteht das Risiko opportunistischen Verhaltens. Einen Mittelweg stellt für einige Rechtsbereiche der Abschluß von Verträgen dar, die sich aus standardisierten Klauseln nach dem Baukastenprinzip erstellen lassen. Hierbei kann auf einen elektronischen Vertragskonfigurator, wie er z.B. mit der Software „It's legal"[®] gegeben ist, zurückgegriffen werden.[195]

6.3 Kooperation und Mißbrauchsmöglichkeiten

Machtmißbräuche können sowohl innerhalb eines Unternehmensnetzwerkes durch einzelne Partner auftreten, als auch von diesem selber nach außen hin ausgehen. Dabei ist der Begriff des Machtmißbrauchs schwierig zu fassen und zu objektivieren. Das interne Mißbrauchspotential geht von den schon angesprochenen Abhän-

---

[195] Vgl. Mertens, P./Griese, J./Ehrenberg, D., 1998, S. 105f.

gigkeitsverhältnissen aus, die ein dominanter Partner in seinem Sinne ausnutzen kann. Die Form der Durchsetzung seiner Interessen kann auf unterschiedlichste Weise geschehen. Das reicht von günstigen Lieferpreisen und -konditionen bis hin zur Abwälzung von Risiken. Weiterhin ermöglicht die Computervernetzung den Zugriff auf wichtige Daten und spezifisches Wissen der beteiligten Unternehmen. In diesem Zusammenhang ist es eine bedeutsame Frage, wer den Zugang zum System kontrolliert und die einzelnen Beteiligungsrechte definiert.[196] Auch hier besteht die Gefahr des Machtmißbrauchs durch das dominierende Unternehmen. Abgesehen davon, daß solch ein Verhalten dem für Netzwerke wichtigen partnerschaftlichen Geist widerspricht und vertrauensschädigend ist, können Unternehmen, die auf Dauer in dominierter Situation gehalten werden, zur Aufgabe oder zum Ausscheiden aus dem Netzwerk gezwungen werden. Der rechtliche Schutz vor Machtmißbrauch innerhalb von Unternehmensnetzwerken erscheint derzeit als nicht ausreichend.

Auf externer Ebene bestehen Machtmißbräuche, die rechtlich zu bewerten sind, darin, daß der Wettbewerb auf relevanten Märkten durch eine beherrschende Stellung bzw. durch Kooperation eingeschränkt werden kann. Dies ist der Fall, wenn Netzwerke dermaßen abgeschottet agieren, daß Außenstehende keinen Zutritt haben. Hier hat das Kartellrecht seine notwendigen Aufgaben zu erfüllen, wobei horizontale Allianzen zwischen Unternehmen die im Wettbewerb stehen als bedenklich einzuschätzen sind. Die klare Unterscheidung zwischen zwei Wettbewerbern auf einem stabil definierten Markt ist immer seltener zu finden. Stattdessen wird die Konkurrenz zunehmend nur noch produkt- oder projektweise bestehen, während gleichzeitig dieselben Unternehmen in mehreren Kooperationen intensiv zusammenarbeiten.[197] Da die Zusammenarbeit im VU i.d.R. zeitlich begrenzt ist und dazu komplementäre Kompetenzen zusammengeführt werden, dürfte bei diesen eine kartellrechtlich relevante marktbeherrschende Stellung eher selten eintreten. In den sich ändernden Bedingungen des Wettbewerbs liegt die Herausforderung für die Weiterentwicklung des Kartellrechts, das hierfür spezielle regulatorische Rahmenbedingungen bereitzuhalten hat.

---

[196] Vgl. Lange, K.W., 1998a, S. 1168.
[197] Vgl. ebenda, S. 1169.

6.4 Internationale Rechtsfragen

6.4.1 Internationale Geschäftsbeziehungen

Durch den Einsatz moderner IuK-Technologien werden Standortgrenzen zunehmend aufgehoben und VU im Sinne des „Global Sourcing" für weltweite Vertragsbeziehungen offen. Dies bietet die in der Literatur ausführlich diskutierten Chancen, doch dadurch, daß in mehr als einem Rechtsraum agiert wird, erwachsen spezifische rechtliche Probleme.

So können einschränkende Bestimmungen des Exportrechts problematisch wirken. Wenn z.B. der Transfer von benötigtem technologischen Wissen ins Ausland untersagt ist, kann u.U. eine ansonsten optimale Aufgabenzuordnung nicht realisiert werden. In bezug auf anzuwendendes Recht und Gerichtsstand können Meinungsverschiedenheiten auftreten, wenn Abschluß- und Erfüllungsort nicht eindeutig bestimmbar sind. Durch eine entsprechende Vertragsgestaltung sollte dies bereits im Vorfeld ausgeschlossen werden. Wenn das VU eine eigene Rechtspersönlichkeit besitzt, muß geklärt werden, in welchem Land es gesellschaftsrechtlich ansässig sein soll. Dabei ist für die relative Vorteilhaftigkeit eine Standortanalyse durchzuführen, die die Spezifika internationaler Unternehmenskooperationen berücksichtigt. Weiterhin ergeben sich Ansprüche an die Kenntnisse der jeweiligen Rechtsordnungen. Bestehen hier Defizite, kann es leicht zu kostspieligen Versäumnissen kommen, oder die Durchsetzung eigener Rechtsansprüche kannbehindert werden. Letzteres mag auch daran liegen, daß einzelne Vertragsklauseln nicht in allen Rechtsräumen gültig sind. So ist das Rechtsinstitut des Eigentumsvorbehalts nicht in allen nationalen Rechtssystemen enthalten. Es kann aber auch einfach inpraktikabel sein, rechtliche Ansprüche im Ausland durchzusetzen. Beispielsweise ist das internationale Inkasso über den Rechtsweg ausgesprochen langwierig und aufwendig und auch privates Inkasso nicht in jedem Fall angemessen. Nicht selten muß davon abgesehen werden, Geldforderungen gegen ausländische Schuldner durchzusetzen. Durch Kollision bzw. unzureichendes Ineinandergreifen unterschiedlicher nationaler Rechtssysteme geht zwar ein Impuls für die Weiterentwicklung des internationalen Privatrechts aus, z.Z. ist dies aber ein hemmender Faktor für internationale Geschäftsbeziehungen.

6.4.2 Besteuerung

Analog zu anderen Formen länderübergreifender kooperativer Zusammenarbeit ergibt sich für VU eine besondere steuerrechtliche Situation. Bereits heute werden ganze Projekte im Internet abgewickelt, ohne daß nationale Steuerbehörden diese Transaktionen erfassen.[198] In einem international tätigen VU können Erträge und Vermögensbestandteile in gewissen legalen Grenzen so verlagert werden, daß daraus beträchtliche Steuerersparnisse resultieren. Dies kann z.B. durch die Gestaltung von Verrechnungspreisen aber auch durch faktische Maßnahmen wie die Aufteilung von Produktionskapazitäten auf die Mitglieder geschehen. Zwar können die Finanzverwaltungen derartige Verschiebungen eventuell als Mißbrauch von Gestaltungsmöglichkeiten des Zivilrechts beurteilen und entsprechend nicht anerkennen, doch in der Praxis stellt sich die Frage, ob diese über die Informationen verfügen, um den Gestaltungsmißbrauch nachzuweisen. Es ist zu beachten, daß ein Partner bei der wechselseitigen Ergebnisverschiebung dann ein Risiko eingeht, wenn sein Anspruch nur auf einem Vertrauens- und nicht einem Vertragsverhältnis beruht. VU dürften hier im Vergleich zu hierarchisch-integrierten Unternehmen im Nachteil sein.[199]

In Deutschland ist eine besondere Situation gegeben, wenn die Steuerbehörden Anlaß haben, eine Gesellschaft bürgerlichen Rechts zugrunde zu legen. Dies kann bei einem festen Netzwerk von Partnern, also bei VU des Typs A (siehe Abschnitt 2.3.1), der Fall sein. Die Konsequenz ist, daß der von den Partnern innerhalb des VUs gemeinschaftlich erwirtschaftete Gewinn zu ermitteln und nach dem vertraglich vereinbarten Schlüssel bzw. nach Köpfen mit steuerlicher Wirkung zu verteilen ist,[200] womit der steuerliche Gestaltungsspielraum eingeschränkt wird.

---

[198] Vogt Baatiche, G.G., 1998, S. 179.
[199] Vgl. Mertens, P./Griese, J./Ehrenberg, D., 1998, S. 131.
[200] Vgl. ebenda, S. 131f.

7 Virtuelle Call Center

Da viele Produkte und Dienstleistungen in ihren Kernnutzen zunehmend austauschbar sind, wird es wichtiger, eine Differenzierung über einen Sekundärnutzen zu erreichen. Dieser kann z.B. in einem überzeugenden Servicekonzept liegen. Entsprechend orientieren sich Unternehmen verstärkt an qualitativen Unternehmenszielen wie Kundenorientierung, Kundenzufriedenheit und Kundenbindung. Für die Umsetzung einer solchen strategischen Entscheidung ist ein Call Center ein effektives und effizientes Instrument.[201] Es handelt sich dabei um „eine selbständige Organisationseinheit, deren Ziel es ist, mit Einsatz modernster Kommunikationstechniken einen serviceorientierten und effizienten Dialog zwischen einem Unternehmen und dessen Kunden, Interessenten und Lieferanten"[202] unter Wahrung von qualitativen und quantitativen Unternehmens- und Marketingzielen zu führen.[203] Durch Call Center können neue, eigenständig vermarktbare Leistungen realisiert werden; durch Einführung eines solchen und entsprechender Veränderung von Prozessen lassen sich Kosten reduzieren. Dies erkennt eine zunehmende Zahl von Unternehmen, weswegen die Call Center-Branche zu den wachstumsintensiven Dienstleistungsbereichen[204] mit vielversprechenden Beschäftigungsaussichten zählt.[205]

Call Center sind heute weit mehr als Telefonzentralen oder Bestellannahmen. Es sind erst durch die technische Entwicklung möglich gewordene unternehmenszentrale Organisationseinheiten, deren Aufbau und Betrieb eine hochkomplexe Aufgabe darstellt, da Schnittstellen zu vielen Unternehmensfunktionen zu berücksichtigen sind und sich nur optimal integriert die erhofften Resultate erzielen lassen. Es sind dabei v.a. die Elemente Organisation, technische Ausstattung mit Hard- und Software sowie Personal aufeinander abzustimmen.

Die veränderten Marktbedingungen, innovative Technologien und ein damit einhergehender gesellschaftlicher Wertewandel sind Faktoren, die das Aufkommen von VU begünstigen. Es sind zugleich auch Faktoren, die immer mehr Unternehmen über die Einführung eines Call Centers nachdenken lassen. Man kann daraus folgern, daß auch - und gerade - in VU Call Center integriert sein müßten. Hier soll

---

[201] Vgl. Kruse, J.P., 1998, S. 13.
[202] Thieme, K.H./Steffen, W., 1999, S. 39.
[203] Vgl. Kruse, J.P., 1998, S. 15.
[204] Vgl. Mura, H., 1998, S. 97, der von „prognostizierten Volumensteigerungen von circa 25 Prozent pro Jahr für die nächsten drei Jahre" ausgeht.

herausgearbeitet werden, wie durch eine virtuelle Leistungserstellung bei Call Centern-Diensten Wettbewerbsvorteile genutzt werden können und welche Besonderheiten sich dabei hinsichtlich einzelner betrieblicher Funktionsbereiche ergeben.

7.1 Grundlagen Call Center

7.1.1 Einsatzbereiche

Call Center-Aktivitäten lassen sich danach unterscheiden, ob vorwiegend mit privaten Endkonsumenten oder mit Geschäftskunden einschließlich Mitarbeitern des eigenen Unternehmens kommuniziert wird. Grundlegend ist auch die Unterscheidung zwischen dem sogenannten Inbound-Betrieb, bei dem eingehende Anrufe entgegengenommen werden, und dem Outbound-Betrieb eines Call Centers, bei dem die Gespräche von diesem ausgehen. Typische Inbound-Einsatzbereiche sind Auskunftsdienste einschließlich des Versandes von vorbereiteten Unterlagen, Auftragsannahme, Adreß- und Datenerfassung, Beratung und Hilfestellung einschließlich Fernwartung sowie Beschwerdemanagement. Oftmals können mehrere dieser Funktionen bei einem Kundenkontakt wahrgenommen werden. Im Rahmen anspruchsvoller Beratungsaufgaben, wie bei der telefonischen Anlageberatung eines Finanzdienstleisters, können z.B. initiierte Kauforders im Anschluß sofort ausgeführt werden. Im Outbound-Bereich kann das Call Center beispielsweise folgende Aufgaben erfüllen: Adreßqualifizierung, Cross-Selling, Inkasso und Marktforschung. Bei Reorganisation von Prozessen im Vertriebsbereich können im Rahmen bestehender Geschäftsbeziehungen Call Center die Betreuung sogenannter B- und C-Kunden übernehmen und mit A-Kunden Termine für Besuche des Außendienstes vereinbaren. Wird in dieser Form Vertriebsunterstützung geleistet, bietet sich ein Kostensenkungspotential bei der Außendienstorganisation, ohne daß darunter - aus der Sicht des Kunden - die Servicequalität leidet.[206] Durch neue Servicemerkmale, wie etwa einer „Rund-um-die-Uhr-Erreichbarkeit", kann diese vielmehr gesteigert werden.

---

[205] o.V., 1999c, S. 22.
[206] Vgl. Kruse, J.P., 1998, S. 17ff.

7.1.2 Organisation und technische Unterstützung

Call Center-Organisationen zeichnen sich hinsichtlich ihrer Aufbauorganisation durch flache Hierarchien und einfache, transparente Organisationsstrukturen aus. Sogenannte Agenten bearbeiten rechnerunterstützt die Geschäftsvorfälle am Telefon. Es wird empfohlen, nicht mehr als 8 bis 12 Mitarbeiter einer Gruppe zuzuordnen, die von einem Teamleiter geführt wird. Da dieser meist selbst aktiv in das Tagesgeschäft eingebunden ist, stehen für diesen die Belange der Gruppe und der einzelnen Mitarbeiter im Vordergrund. Damit kommt ihm eine eher „qualitative" Führungsaufgabe zu, bei der er wesentliche Faktoren wie Streß, Ausbildungsstand, Erfahrung, etc. berücksichtigen kann. Der Supervisor hat parallel dazu auf gleicher Ebene eine eher „quantitative" Führungsaufgabe. Er nimmt die notwendigen Personaleinsatzplanungen anhand der technischerseits bereitgestellten Informationen vor und wird dabei durch entsprechende Softwarelösungen unterstützt. Besonders in größeren Call Centern mit mehreren Agentengruppen kann es bei Personalunion beider Funktionen zu Interessenkonflikten bei der Führungskraft kommen. Deshalb sollten diese Funktionen bei mehreren Agentengruppen von unterschiedlichen Mitarbeitern wahrgenommen werden.[207] Für das gesamte Call Center ist der Call Center-Manager verantwortlich.

Das sogenannte Front Office eines Call Centers ist der Bereich, der von jedem eingehenden Anruf zuerst erreicht wird. Auf dieser ersten Bearbeitungsstufe wird versucht, eine möglichst große Anzahl von Anrufen abschließend zu bearbeiten. Wenn dies aufgrund fehlender Information, unzureichender Qualifikation der Agenten oder zu geringer Entscheidungskompetenz nicht möglich ist, wird der Anrufer nach dieser Vorqualifizierung gezielt mit dem Back Office verbunden. Dieses wird durch Agenten mit speziellem Fachwissen, die in Expertengruppen zusammengefaßt arbeiten, repräsentiert. Aber auch sonstige Mitarbeiter der Restorganisation können für das Back Office tätig sein.[208] Abbildung 11 zeigt eine typische Call Centers Organisationsstruktur eines.

---

[207] Vgl. Böse, B./Flieger, E., 1999, S. 135f.
[208] Vgl. ebenda, S. 134f.

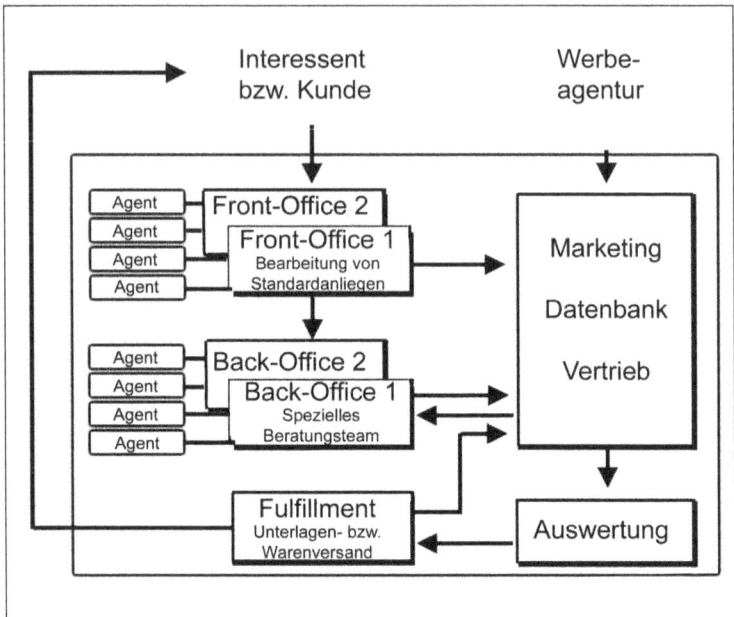

Abbildung 11: Typische Call Center-Organisation mit Front- und Back Office-Bereich[209]

Bei der Einbindung eines Call Centers in die Gesamtorganisation ist die Definition der Schnittstellen, also der Informations- und Prozeßübergänge zwischen Call Center- und der übrigen Organisation wichtig. Für eine reibungslose Zusammenarbeit müssen Abläufe und Strukturen des Call Centers den anderen Bereichen bekannt sein.[210] Ein Call Center stellt die Drehscheibe zwischen der Innenwelt des Unternehmens und der Außenwelt dar.

Eine Automatic Call Distribution (ACD)-Telefonanlage ist ein programmierbares System, das eingehende Anrufe auf freie Agenten verteilt, diese ggf. in eine Warteschlange reiht und Ansagen abspielt.[211] Die ACD-Anlage ermöglicht die Zusammenschaltung einzelner Agenten zu Gruppen. Sie stellt umfangreiche statistische Auswertungen in Echtzeit und aus Vergangenheitsdaten über das Anrufer- und

---

[209] Thieme, K.H./Steffen, W., 1999, S. 46.

[210] Vgl. Böse, B./Flieger, E., 1999, S. 136f.

[211] Die ACD-Anlage kann dem Anrufer auch mitteilen, an welcher Warteschlangenposition er sich befindet und wann er voraussichtlich an einen freien Agent vermittelt wird, vgl. Cleveland, B./Mayben, J./Greff, G., 1998, S.28 ff.

Bearbeitungsverhalten bereit.[212] Interactive Voice Response (IVR) bezeichnet allgemein den Dialog zwischen Mensch und Maschine über rechnergestützte Spracherkennungssysteme. Bei einfachen Anliegen kann der Anrufer so automatisiert bedient werden. Bei komplexeren Anliegen können zumindest bestimmte Basisinformationen wie Kundennummer, Sprachwunsch, Grund des Anrufs, etc. einem zwischen Mensch und Mensch geführten Gespräch vorgeschaltet werden.[213] Über IVR abgefragte Informationen können zu einem Routing des Anrufs auf den für das Gespräch am besten qualifizierten Agenten genutzt werden (sogenanntes Skill Based Routing). Auch die in digitalisierten Telefonnetzen übertragbaren Steuerinformationen, wie z.B. Rufnummer oder Herkunftsregion des Anrufers, können zu einem intelligenten Routing genutzt werden. Durch Schaltung unterschiedlicher Rufnummern, unter denen das Call Center erreichbar ist, sind darüber hinaus die Telefonkosten für den Anrufer bestimmbar, was Auswirkungen auf die Anrufmotivation und damit das Verkehrsaufkommen hat. Ein weiteres Kriterium, nach der die ACD-Anlage Gespräche auf Agenten verteilen kann, ist die aktuelle Auslastungssituation einzelner Agenten, Agentengruppen oder Call Center-Standorte. Bei einer derartig automatisierten Ressourcenzuordnung übernimmt die ACD-Anlage zum Teil - um es in der VU-Terminologie auszudrücken - Brokerfunktionen. Andere zentrale Aufgaben des Brokers hingegen, wie die Auswahl von Kompetenzträgern, Leistungsbeurteilung, Qualifizierung und strategische Fragen, lassen sich nicht automatisieren. Diese sind v.a. im Personalbereich angesiedelt. Zur Unterstützung dieser Problemstellungen werden mittlerweile entsprechende Softwarepakete angeboten.

Bei hinreichend großem Gesprächsaufkommen bietet es sich im Outbound-Betrieb an, den Anwahlvorgang durch Einsatz eines sogenannten Dailers zu automatisieren. Durch einen sogenannten Power Dialer werden nach einem vorgegebenen Anrufplan, der nach bestimmten Kriterien aus einer Datenbank generiert wird, Telefonverbindungen hergestellt und erst bei erfolgreichem Verbindungsaufbau einem Agenten zugewiesen. Ein Predictive Dailer ist ein Power Dialer, der zusätzlich abzuschätzen versucht, wann ein Agent frei wird und bereits frühzeitig neue Verbindungen aufbaut.[214]

Moderne Call Center zeichnen sich durch die Erreichbarkeit bzw. den Einsatz verschiedenster Kommunikationsmedien wie Briefpost, Fax, E-Mail, Video, Voi-

---

[212] Vgl. Cleveland, B./Mayben, J./Greff, G., 1998, S. 245.
[213] Vgl. Kruse, J.P., 1998, S. 22.

ce-over-IP, etc. aus. Aufgrund geringer Kosten, der in Zukunft erreichbaren Sprachqualität und der Möglichkeit des gemeinsamen, simultanen Zugriffs auf Datenbestände werden diensteintegrierende, multimediale Internetanwendungen in Zukunft eine immer größere Rolle spielen. In diesem Sinne müßten Call Center eigentlich „Communication Center" heißen,[215] doch wird hier weiterhin von Call Centern gesprochen, da sich dieser Begriff fest etabliert hat. Wenn im folgenden vom „Telefon" gesprochen wird, steht dies stellvertretend auch für die anderen Kommunikationsmedien bzw. deren kombinierten Einsatz. Die sogenannte Computer Telephony Integration (CTI) umfaßt dabei mehr als rechnergestützte Geschäftsvorfallbearbeitung. Die Herausforderung bei CTI-Projekten liegt in der funktionellen Integration der IT-Infrastruktur aller denkbaren Kommunikationsmedien sowie der dazugehörenden Transaktionen und Prozesse.[216] CTI kann nicht nur dazu beitragen, den Nutzen für die Anrufer zu verbessern. Durch multimediale Anwendungen eröffnen sich neue, anspruchsvolle Einsatzmöglichkeiten wie Fernwartung, simultane Bearbeitung von Dokumenten oder Konstruktionsplänen, Wissensvermittlung, etc. Mittels CTI kann die Arbeitsproduktivität durch effizientere und effektivere Prozesse gesteigert und Kommunikationskosten können gesenkt werden.

Bei der Bearbeitung der Geschäftsvorfälle werden die Agenten durch spezielle Hard- und Softwarelösungen für Call Center unterstützt. So kann i.d.R. bei Gesprächsaufnahme auf Informationen in der Kundendatenbank zurückgegriffen werden. Im Outboundverkehr sollte der Agent vor Gesprächsaufbau relevante Informationen präsent haben. Bei Verwendung eines Dailers werden diese dem Agenten meist bei Gesprächszuweisung automatisch über die CTI-Schnittstelle angezeigt. Durch Informationen des Telekommunikationsnetzbetreibers kann im Inbound-Verkehr die Rufnummer des Anrufers mit übertragen und dieser daran identifiziert werden. Bei Weiterleitung von Gesprächen an andere Agenten können im Wege von CTI auch bereits vom Anrufer erhaltene Informationen gespeichert und mit übertragen werden. Der zweite Agent hat dann alle relevanten Daten verfügbar und braucht diese nicht mehr erneut abzufragen. Durch entsprechende Eingaben können weitere Bearbeitungsschritte, z.B. der Versand von Unterlagen, bestellter Artikel oder die Ausführung von Kauforders für Wertpapiere ausgelöst werden. Dies erfordert die Anbindung der im Call Center eingesetzten Software an die übrigen IT-Infrastrukturen sowie eine Abstimmung der Prozesse.

---

[214] Vgl. ebenda.
[215] Ähnlich Klein, C., 1998, S. 338.

7.1.3 „Virtualität" und Call Center

Der Begriff der Virtualität birgt - wie bereits im Zusammenhang mit VU deutlich wurde - einen gewissen Interpretationsspielraum. Auch für virtuelle Call Center muß zunächst geklärt werden, was im einzelnen unter virtuellen Strukturen verstanden werden soll.

Eine Problematik in Inbound-Call Centern ist, daß zu jedem Zeitpunkt genau die Anzahl an Agenten verfügbar ist, die es ermöglicht, jeden Anruf innerhalb einer vertretbaren Wartezeit anzunehmen. Das Anrufaufkommen kann durch statistische Auswertung von Vergangenheitswerten, Berücksichtigung von geplanten Kampagnen und besonderen Einflüssen, etc. bedingt prognostiziert und die Personalplanung hierauf ausgerichtet werden. Daneben existieren jedoch Zufallseinflüsse. Zur kurzfristigen Kapazitätsanpassung bietet sich an, für die nicht in einer angemessenen Zeit annehmbare Gespräche flexible zusätzliche Kapazitäten zuzuschalten. Hier ist zunächst an weitere eigene vernetzte Call Center zu denken. Es können aber auch dezentrale Arbeitsplätze an verschiedenen Lokalitäten innerhalb eines Unternehmens - aber außerhalb eigentlicher Call Center-Organisationen - eingebunden werden, die mit spezieller Call Center-Technik ausgestattet sind. Diese Stelleninhaber können mit nur einem Teil ihres Leistungsvermögens bei Bedarf im virtuellen Call Center-Aufgaben wahrnehmen. Näher am VU-Konzept ist es, wenn nicht auf abhängig Beschäftigte des eigenen Unternehmens zurückgegriffen wird. Hier ist an freiberuflich Tätige oder an externe Dienstleister mit eigenem Call Center zu denken.

Im Zuge des Outsourcing von nicht durch Kernkompetenzen abgedeckte Wertschöpfungsbereiche wird nicht selten auch in konventionell organisierten Unternehmen vollständig auf den Aufbau einer eigenen Call Center-Organisation verzichtet und stattdessen auf einen spezialisierten Dienstleister zurückgegriffen. Derartige Dienstleister übernehmen nicht nur die Bearbeitung einfacher Routineanfragen, sondern auch sehr komplexer, anspruchsvoller Problemstellungen. Die Firma Ascena Communication Services GmbH, Mannheim, etwa bedient das Helpdesk für die SAP AG, Walldorf. Virtualität ergibt sich daraus, daß der Anrufer nicht merkt, daß seine Anfrage von einem externen Dienstleister bearbeitet wird. Die Aufnahme eines solchen als Partner in ein VU ist ohne weiteres vorstellbar, doch entspricht das reine Outsourcing von Call Center-Dienstleistungen nicht

---

[216] Vgl. ebenda, S. 337ff.

dem den folgenden Ausführungen über virtuelle Call Center zugrunde liegenden Begriffsverständnis. Es wird hier vielmehr davon ausgegangen, daß die Leistung eines Call Centers selbst „virtuell" erbracht wird.

Eine verbreitete Definition virtueller Call Center findet sich bei Cleveland, Mayben und Greff: „Ein Call Center, verteilt auf mehrere Standorte, das sich im Hinblick auf Gesprächsführung und Auswertungen verhält wie ein einziger Standort."[217] Derartige virtuelle Call Center sind heute üblich, wie das Beispiel der Citibank Privatkunden AG in Abbildung 12 verdeutlicht, die an vier Standorten mit jeweils einem Service Center und einer Inkasso-Abteilung insgesamt acht Call Center mittels CTI vernetzt hat.[218]

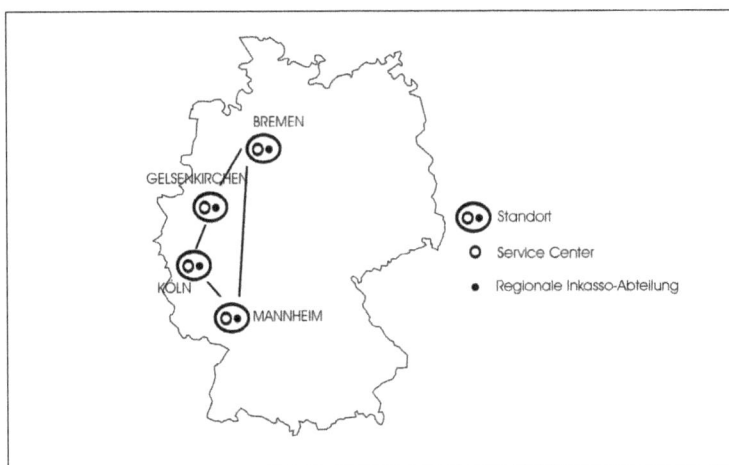

Abbildung 12: Virtuelles CTI-Call Center der Citibank Privatkunden AG[219]

Eine Definition in diesem Sinne betont die räumlich verteilte Zusammenarbeit; das Konzept der VU ist darin bestenfalls implizit enthalten. Versucht man das VU-Konzept auf Call Center zu übertragen, bedarf es eines erweiterten Begriffsverständnisses. Als VU-Partner können dann nicht nur einzelne Call Center-Agenten, Gruppen von Agenten oder ganze Call Center-Organisationen interpretiert werden, sondern auch Hard- und Software-, Telekommunikations-, Immobilien-,

---

[217] Cleveland, B./Mayben, J./Greff, G., 1998, S. 261.
[218] Vgl. Kuhn, K., 1998, S. 320f.
[219] Ebenda, S. 320.

Consulting- und Personaldienstleister, Werbe- und Direktmarketingagenturen, etc. Diese Partner bringen auf Basis eines gemeinsamen Geschäftsverständnisses jeweils vorrangig ihre Kernkompetenzen - z.b. spezifisches Fachwissen, Sprachkenntnisse, technische Ressourcen, etc. - in eine kooperative Leistungserstellung ein und treten Dritten gegenüber als ein einheitliches Call Center auf. Dieses Begriffsverständnis umfaßt mehr als kosten- und kapazitätsmäßige Überlegungen. In derartigen virtuellen Kooperationen liegen Synergiepotentiale, bei denen es erst durch die gemeinsame Leistungserstellung für die Partner möglich wird Dienstleistungen anzubieten, die jeder für sich allein nicht hätte realisieren können.

Der bereits mit dem Begriff „Call *Center*" zum Ausdruck kommende organisatorische „Zentralisationsgedanke" geht in virtuellen Call Center-Strukturen i.d.R. nicht mit einer physischen Zentralisation der Call Center-Arbeitsplätze einher; zumeist ist das Gegenteil der Fall. Diese räumliche Dezentralisation ist aber nicht vergleichbar mit einer traditionellen Organisation der Außenkommunikation, bei der telefonische Anfragen oftmals zufällig auf Mitarbeiter verteilt werden. In virtuellen Call Centern sind die Agenten fest in dieses integriert, speziell für die Beantwortung der telefonisch eingehenden Kundenwünsche qualifiziert und mit hinreichender Entscheidungskompetenz ausgestattet. Die Herausforderung beim Management virtueller Call Center ist die mit der organisatorischen „Innovation"[220] Call Center angestrebten Vorteile mit den Vorteilen virtueller Strukturen zu verbinden. Sich hierbei ergebende Implikationen einzelner betrieblicher Funktionsbereiche werden im folgenden diskutiert.

7.2 Human Resources

Die beste technische Ausstattung, Budgetierung und Organisation sind zwar wichtige Voraussetzungen, doch noch kein Garant für ein erfolgreich operierendes Call Center. Die Leistungsfähigkeit und -bereitschaft der dort tätigen Menschen trägt wesentlich zum Erfolg eines Call Centers bei. Die zentrale Bedeutung der Human Resources wird auch durch den hohen Personalkostenanteil an den Gesamtkosten von Call Centern deutlich.[221] Unterscheiden sich Call Center Arbeitsplätze bereits deutlich von denen in anderen Bereichen hinsichtlich der Anforderungen, die an

---

[220] Vgl. Kruse, J.P., 1998, S. 23ff.
[221] Henn, H., 1998, S. 48 schätzt diesen Anteil auf zirka 70 Prozent. Mura, H., 1998, S. 99 hat in einer nicht repräsentativen Umfrage einen Anteil von 61 Prozent ermittelt.

Führungskräfte und Mitarbeiter gestellt werden, so gilt dies für Arbeitsplätze eines virtuellen Call Centers um so mehr.

7.2.1 Formen der Telearbeit

Im Zusammenhang mit virtuellen Strukturen von Call Centern gewinnen Formen der Telearbeit an Relevanz.[222] Technisch gesehen stellt die Anbindung von dezentral tätigen Agenten kein Problem dar.[223] Bei der Call Center-Mitarbeit sind zumeist wichtige organisatorische Voraussetzungen dafür, daß diese in Telearbeit geleistet werden kann, gegeben. Die Aufgabenstellung ist zumeist ergebnisbezogen und Arbeitsresultate oft leicht bestimmbar.[224] Die im folgenden dargestellten Telearbeitsformen sind als Idealtypen zu verstehen. In der Praxis dürften je nach konkreter Aufgabenstellung des Call Centers Mischformen anzutreffen sein bzw. Kombinationen zur Anwendung kommen.

Klassische Teleheimarbeit findet an einem Einzelarbeitsplatz in der Wohnung des Beschäftigten statt, sodaß ein flexibler Wechsel zwischen der Integration ins virtuelle Call Center und häuslicher Tätigkeit möglich ist. Für den Mitarbeiter ergibt sich der Vorteil, daß für ihn Anfahrtswege entfallen. Motivierend kann wirken, daß der Einsatz in Telearbeit als Vertrauensbeweis empfunden wird. Unternehmen können flexiblere Arbeitsverträge anbieten, die u.U. besser den persönlichen Präferenzen der Mitarbeiter entsprechen. Durch den geographisch nicht begrenzten Arbeitsmarkt können eventuell besser qualifizierte Mitarbeiter zu vergleichsweise günstigen Konditionen gewonnen werden. Gefahren liegen in der sozialen Isolation, des Verlustes zwischenmenschlicher Beziehungen, möglicherweise schlechterer Karrierechancen und Demotivation. Die vollständige Identität von Wohnung und Arbeitsplatz kann nicht nur als vorteilhaft empfunden werden, sondern je nach Persönlichkeit des Telearbeiters auch psychologisch belasten.

Telecenter ermöglichen es Menschen, in der Nähe ihres Wohnortes unter ähnlichen Bedingungen zu arbeiten wie im Zentralbüro. Sie können in Form von Satellitenbüros und Nachbarschaftsbüros in Erscheinung treten. Beide Telecenterformen sind am Wohnort oder in der Nähe der Beschäftigten lokalisiert und durch

---

[222] Vgl. Marren, W.F., 1998, S. 6, der eine Studie der Gartner Group zitiert, nach der innerhalb der nächsten fünf Jahre 25 bis 40 Prozent der Call Center-Agents als Telearbeiter beschäftigt sein werden.

[223] Vgl. Hein, M., 1999, S. 1.

Zusammenfassung mehrerer Arbeitsplätze mit einem geringeren Ausstattungs- und Vernetzungsaufwand verbunden als Arbeitsplätze bei Teleheimarbeit. Während in Satellitenbüros ausschließlich Mitarbeiter eines Unternehmens beschäftigt sind, teilen sich in Nachbarschaftsbüros Beschäftigte verschiedener Unternehmen Räume und Infrastrukturen. Hierdurch sind Nachbarschaftsbüros standortunabhängiger, doch diesem Vorteil stehen oftmals Interessengegensätze zwischen den unterschiedlichen Unternehmen gegenüber.[225]

Unter dem Aspekt rechtlicher Selbständigkeit finden sich in elektronischen Dienstleistungsbüros virtuelle Strukturen im Sinne des VU-Konzepts insofern verwirklicht, als die dort Beschäftigten keine Angestellten einer Zentrale mehr sind. Sie bieten ihre Leistungen vielmehr Unternehmen in fremden Räumlichkeiten als freiberuflich Tätige an. Sofern keine Marktmacht vorliegt, kommen eher marktliche Koordinationsformen zur Anwendung. Dem auf diese Weise outsourcenden Unternehmen bieten sich größere Flexibilitätsspielräume und ein Kosten- und Risikosenkungspotential bei der Disposition über die Beschäftigten.

Mobile Telearbeit läßt sich als Tätigkeit an bewegbaren Arbeitsplätzen und unterschiedlichen Standorten beschreiben.[226] Dazu werden tragbare Computer bzw. Peripheriegeräte und mobile Kommunikationsgeräte eingesetzt, so kann so an nahezu beliebigen Orten und auf Reisen gearbeitet werden. Ein Spezialist, auf den nur im Bedarfsfall mobil zurückgegriffen wird, kann weiteren Tätigkeiten nachgehen, die mit Ortsveränderungen verbunden sind. Derartige „Arbeitsplätze" sind wegen der höheren Kosten zur Integration in virtuelle Call Center nur in speziellen Fällen geeignet. Herrscht ein hoher Strukturierungsgrad und eine leichte Definierbarkeit von Arbeitsabschnitten vor, sind die zuvor beschriebenen Formen der Telearbeit vorteilhafter.

Unter alternierender Telearbeit wird der gelegentliche oder regelmäßige Wechsel des Mitarbeiters zwischen mindestens zwei Orten verstanden.[227] Das kann temporäre Abwesenheit von der Firmenzentrale bzw. einem Telecenter und klassische bzw. mobile Teleheimarbeit bedeuten. Diese Variante der Telearbeit kann helfen, die mit der sozialen Isolation verbundenen Gefahren abzumildern bzw. zu beseitigen. In virtuellen Call Centern kann den Mitarbeitern etwa in der Firmenzentrale

---

[224] Vgl. Marren, W.F., 1998, S. 19.
[225] Vgl. Krystek, U./Redel, W./Reppegather, S., 1997, S. 118f.
[226] Vgl. ebenda, S. 121.
[227] Vgl. ebenda, S. 118.

in regelmäßig notwendigen Qualifikationsmaßnahmen nicht nur Fachwissen vermittelt, sondern auch Motivation gegeben und soziale Kontakte gepflegt werden. Die eigentliche Leistung für das Call Center wird dagegen dezentral erbracht.

Die Organisation eines Call Centers als virtuelles Call Center durch die Einrichtung von Telearbeitsplätzen bietet Chancen auf Produktivitätssteigerung. An Telearbeitsplätzen beschäftigte Call Center-Agenten „have ... shown increased availability as a result of decreased or eliminated absenteism, fewer distractions from call-handling tasks, flexibility in work hours, elimination of commuting delays, immediate availability for overtime ...".[228] Dabei hängt es von der konkreten Aufgabenstellung des Call Centers ab, welche Telearbeitskonzepte vorteilhaft sind. Die Erfüllung von Aufgaben, die permanente persönliche Besprechungen mit Kollegen, eingehende Begutachtung von Modellen, etc. erfordert, kann nicht optimal in Teleheimarbeit geleistet werden. Im Call Center sind derartige Tätigkeiten jedoch eher selten anzutreffen.

7.2.2 Anforderungen an das Management

Die Auswahl der zum Aufbau und Betrieb in einem Call Center benötigten Kompetenzen ist Aufgabe des Call Center-Managements bzw. des Initiators eines virtuellen Call Centers. Hinsichtlich der benötigten Kompetenzen ist zunächst an Werbeagenturen, Telekommunikations-, Hard- und Software-, Consulting-, Immobilien-, Personal- und Telemarketingdienstleister zu denken. Diese Kompetenzträger sind - dem VU-Konzept entsprechend - zumeist rechtlich selbständig. Gegenüber dem Betreiber bzw. Initiator des Call Centers besteht i.d.R. eine hierarchische Unterordnung. Dieser kann bei der Auswahl auf eher marktliche Koordinationsinstrumente wie zurückgreifen. Bereits in der Projektierungsphase müssen Call Center-Führungskräfte eine Visions- und Begeisterungsfähigkeit sowie Durchsetzungsvermögen besitzen, um für die mit der Einrichtung eines Call Centers verbundenen Veränderungen Zustimmung zu finden.

Der Auswahl von Agenten, Supervisoren und Teamleitern kommt eine besondere Rolle zu, da diese den laufenden Betrieb aufrecht erhalten. Im Gegensatz zu den anderen Kompetenzträgern sind diese meist nicht selbständig, sondern - dem VU-Konzept nicht entsprechend - Angestellte eines Call Center-Betreibers. Damit

---

[228] Vgl. Marren, W.F., 1999, S. 6.

finden arbeitsrechtliche Vorschriften Anwendung, und bei der Auswahl kommen entsprechend personalwirtschaftliche Instrumente zur Anwendung. Hier wird in der Literatur für die erste Kontaktaufnahme immer wieder das Telefoninterview empfohlen.[229] Dabei können die Agenten bei der eigenen „Vermarktung" bereits die für ihre spätere Tätigkeit wichtigen Eigenschaften unter Beweis stellen. Jedoch reicht auch in virtuellen Call Center-Strukturen das Telefoninterview und die Sichtung der Bewerbungsunterlagen zur Einschätzung des Bewerbers kaum aus. Die Entscheidung über die Beschäftigung wird daher durch persönliche Vorstellungsgespräche oder Assessment CenterVeranstaltungen fundiert. Um vorhandene Qualifikationen an benötigte anzupassen, können Personalentwicklungsmaßnahmen unternommen werden. Softwarelösungen zum Computer Based Training bieten sich hier an, um den hierfür notwendigen Aufwand so gering wie möglich zu halten. Wissen kann so - gerade auch an in virtuellen Call Centern beschäftigte Telearbeiter - individuell, schnell und kostengünstig vermittelt werden. Werden Agenten freiberuflich beschäftigt, besteht die Versuchung, benötigte Kompetenzen durch personelle Veränderungen schnell den Erfordernissen anzupassen und den Aufwand für Qualifikationsmaßnahmen so auf die Agenten abzuwälzen. Dieses Vorgehen läßt aber außer acht, daß neben den erneut erforderlichen Auswahlprozessen mit dem Mitarbeitern unternehmensspezifisches Wissen verloren geht, das erst erneut ausgebaut werden muß.

Geht das VU-Konzept davon aus, daß unter den Projektpartnern ein hoher Grad an Eigenmotivation herrscht, zählt in virtuellen Call Centern die Motivation der Mitarbeiter zu den wichtigen Führungsaufgaben. Dies gilt besonders auf Agentenebene, da hier oft arbeitsrechtliche Beschäftigungsverhältnisse vorliegen. Die auffallend hohe Fluktuation an Call Center-Arbeitsplätzen zeigt, daß es oftmals nicht gelingt, Agenten für ihre Tätigkeit zu begeistern. Dies zu erreichen fängt bereits bei der Schaffung eines angenehmen physischen Arbeitsumfeldes an. In Call Centern und auch in Telearbeit angebundenen Arbeitsplätzen ist besonders auf ergonomische Büroeinrichtungen und gesundheitsverträgliche Hardware zu achten. Eine faire Entlohnung ist Voraussetzung für engagierte, motivierte und mitdenkende Mitarbeiter. Von der Aufgabenstellung der Agenten hängt es ab, ob diese ausschließlich ein Festgehalt erhalten oder auch erfolgsabhängige Gehaltskomponenten gezalt werden sollen. Ersteres bietet sich für eher beratende Tätigkeiten an und letzteres, wenn akquisitorischer Erfolg verlangt wird. Ähnliche Ver-

---

[229] Vgl. z.B. Thieme, K.H./Steffen, W., 1999, S. 170ff oder Holzmann-Fuchs, U., 1998, S. 136f.

gütungssysteme bieten sich ebenfalls an, wenn in virtuellen Call Centern als Projektpartner auf selbständige Telemarketingagenturen zurückgegriffen wird.

Gerade Call Center sind durch umfangreich anfallendes statistisches Material und andere Instrumente zur Leistungsbeurteilung gut geeignet für ein Management by Objectives. Die ständige Transparenz der meßbaren Leistung - auch auf Ebene des einzelnen Mitarbeiters - und die Kommunikation hierauf bezogener Kennzahlen wird als Motivationsinstrument oft überschätzt. Gerade wenn komplexe Problemlösungen von Spezialisten verlangt werden, gelangt dieses Vorgehen schnell an seine Grenzen. Der menschliche Faktor, Anerkennung und persönliches Feedback dürfen nicht unterschätzt werden. Hier auch Teleheimarbeiter zu erreichen, ist eine Herausforderung. Angesichts der hohen Streßbelastung, der Agenten in Call Centern zeitweise ausgesetzt sind, benötigen die Führungskräfte eine ausgeprägte Sensibilität, um hier regulierend eingreifen zu können. Empathie ist erforderlich, weil die Wahrnehmung der Signale von Mitarbeitern in Strukturen virtueller Call Center kaum möglich ist.

Vielleicht gerade weil die Agenten fortwährend kommunizieren, ist in der Praxis oft zu beobachten, daß die Kommunikation der Mitarbeiter untereinander verbesserungsbedürftig ist.[230] In virtuellen Call Centern, bei denen die Agenten in Telearbeit beschäftigt sind, ist dieses Problem noch gravierender. Teambildung ist hier besonders schwierig und kann nicht so leicht zum Abbau der Defizite beitragen. Führungskräfte müssen zur Förderung der Kommunikation unter den Mitarbeitern, zur Bildung von Vertrauen und wirklicher Zusammenarbeit beitragen. Dazu können Betriebsfeiern, gemeinsame Ausflüge oder Weiterbildungsangebote veranstaltet werden. Als arbeitsorganisatorische Lösung bietet sich alternierende Telearbeit an. Die vorhandene IuK-Infrastruktur kann nicht nur zur Verbesserung des Informationsflusses an Geschäftsinformationen genutzt, sondern auch für private Kommunikation geöffnet werden. Auch kann der Einsatz sogenannter Universal Agents - also derart qualifizierter Agenten, daß diese in unterschiedlichen Tätigkeitsbereichen arbeiten können - das gegenseitige Verständnis und das Verständnis von Prozeßzusammenhängen fördern und insofern integrativ wirken.

---

[230] Vgl. Thieme, K.H./Steffen, S., 1999, S. 49.

7.2.3 Anforderungen an die Mitarbeiter

In Call Centern können v.a. die Agenten virtuell eingebunden und im Sinne des VU-Konzeptes als Partner interpretiert werden. Aufgrund der vielfältigen Aufgabenstellungen im Call Center kann es zwar nicht *das* Anforderungsprofil für Agenten geben,[231] doch lassen sich einige generelle Qualifikationsanforderungen für dieses Tätigkeitsfeld identifizieren. Dies gilt auch für die in unterschiedlichem Maße durch Telearbeit virtuell eingebundenen Agenten.

Damit Call Center-Agenten dem Kundenbedürfnis nach schnellen und verbindlichen Entscheidungen gerecht werden können, sind diese oft mit umfassenden Entscheidungskompetenzen ausgestattet. Um dieser Verantwortung gerecht zu werden, ist neben einem wirtschaftlichen Denken und Handeln, einer analytischen, strukturierten und sorgfältigen Arbeitsweise ein umfassendes Wissen über Prozesse innerhalb und außerhalb des Call Centers erforderlich. Weiterhin sind Empathie, ein Servicedenken und Freundlichkeit für die zielgerichtete telefonische Kommunikation mit dem Kunden bedeutsam. Um dies im Inbound-Bereich auch in Zeiten sprunghaft ansteigenden Anrufaufkommens zu gewährleisten, müssen die Agenten ein hohes Maß an Streßresistenz besitzen. Der starke Rückgriff auf IuK-Technologien erfordert von den Call Center-Mitarbeitern und Führungskräften überdurchschnittliches EDV-Anwenderwissen.

Macht man sich bewußt, daß der Agent bei seiner Begegnung mit dem Kunden nur auf seine Stimme, auf seine Sprache, auf seine Ausdrucksweise reduziert wahrgenommen werden kann, wird deutlich, welche Bedeutung gerade dem Qualifikationsbereich verbal-kommunikativer Kompetenz zukommt.[232] Nur selten ist es in Call Centern vorgesehen, daß ein Agent gezielt von Kunden angesprochen werden kann oder ein Kunde dauerhaft von einem Agenten betreut wird. Stattdessen ist ein auf bestimmte Fragestellungen spezialisiertes Team zuständig. Die Bereitschaft und Fähigkeit, sich im Arbeitsteam einzubringen und Informationen und Erfahrungen auszutauschen, ist insofern ein weiteres Qualifikationsmerkmal für Call Center-Mitarbeiter.

---

[231] Vgl. Böse, B./Flieger, E., 1999, S. 96.
[232] Im Zuge der technischen Entwicklung ist in Zukunft zwar auch verstärkter Multimedia-Einsatz zu erwarten, doch bleiben hier im Vergleich zum persönlichen Kontakt die Möglichkeiten nonverbaler Kommunikation eingeschränkt.

Aus den Inhalten der zu führenden Gespräche leitet sich die Forderung nach fachlich-methodischem Wissen ab. Oftmals werden die Agenten immer wieder mit sehr ähnlichen Fragestellungen konfrontiert. Sie sollten daher „einen positiven Umgang mit Routine beherrschen …"[233]. Einen gewissen Ausweg aus der Monotonie kann der Einsatz als Universal Agent darstellen. Um in verschiedenen Aufgabenstellungen eingesetzt werden zu können - und damit auch kurzfristig Kapazitätsengpässe abbauen zu helfen - ist eine umfangreichere Wissensbasis erforderlich. Die Übernahme derart abwechselungsreicher und anspruchsvoller Aufgaben kann z.T. auch einen Ausgleich dafür darstellen, daß aufgrund flacher Hierarchien in Call Centern kaum hierarchische Karrierechancen existieren.

In virtuellen Call Centern, bei denen bedarfsweise auf Spezialisten zurückgegriffen wird, ist oft sehr spezielles Fachwissen gefragt. Diese Mitarbeiter haben z.T. eine ausgesprochene Vielfalt an Fragestellungen und Problemen zu bearbeiten, zu deren Lösung oftmals auch Kreativität erforderlich ist. Zudem müssen sie eine starke Bereitschaft zur Weiterbildung besitzen, um im Wissen aktuell zu bleiben. Herrschen in virtuellen Call Centern flexible Beschäftigungsverhältnisse, z.B. wenn Agenten auf Basis freier Mitarbeit beschäftigt sind, ist diese Bereitschaft verstärkt gefragt, um sich erfolgreich bei potentiellen Auftraggebern vermarkten zu können. In Heimarbeit eingebundene Agenten benötigen aufgrund geringerer betrieblicher sozialer Kontakte eine stärkere Fähigkeit zur Eigenmotivation. Sie benötigen eine größere Selbständigkeit bei der Informationsbeschaffung, da der mit den sozialen Kontakten verbundene informelle Informationsaustausch weitgehend entfällt. Auch fällt in diesen Strukturen die emotionale Identifikation mit der Tätigkeit und damit Begeisterungsfähigkeit und Überzeugungskraft schwerer.

7.3 Marketingmanagement

7.3.1 Marketinginstrument Call Center

Call Center stellen ein genuines Marketinginstrument dar, das schwerpunktmäßig der Kommunikationspolitik zuzurechnen ist, sich aber auch distributionspolitisch einsetzen läßt. Im folgenden sollen die oftmals mit dem Einsatz von Call Centern angestrebten Marketingziele genannt werden.

---

[233] Holzmann-Fuchs, U., 1998, S. 133.

Kunden schätzen die bequeme und schnelle Möglichkeit zur Kontaktaufnahme um z.b. an Informationen zu gelangen, Aufträge zu erteilen, zu reklamieren, etc. Call Center eignen sich daher für das Direct Response Marketing. Hier wird versucht, impulsive Kaufreaktionen auszulösen, z.b. auf Fernsehspots. Durch eine bessere Erreichbarkeit, ggf. auch außerhalb üblicher Arbeitszeiten, kann ein Imagegewinn erzielt und Absatzchancen verbessert werden. Im Vergleich zu Mitbewerbern kann dies Teil einer Differenzierungsstrategie sein, die sich gerade auf Märkten mit relativ homogenen Gütern und sehr ähnlichen Kostenstrukturen anbietet. Ein Mehrumsatz läßt sich zudem durch erfolgreiches Cross Selling erreichen. Ein Kunde kann im persönlichen Gespräch sehr wirksam auf weitere oder höherwertige Angebote aufmerksam gemacht und hiervon überzeugt werden. Durch die CTI-Schnittstelle können Datenbankinformationen im Sinne des Database Marketings für eine sehr kundenbezogene Ansprache genutzt werden, wodurch die Erfolgsquote beim Cross Selling gesteigert werden kann. Zusätzliche Leistungen lassen aber auch durch das Call Center selbst erbringen. So kann dieses in Erfüllung von Support- und Wartungsverträgen kostenpflichtig Unterstützung bieten oder Fernwartungen vornehmen.

Im Gegensatz zu klassischen kommunikationspolitischen Instrumenten, wie etwa der Werbung, bietet der Einsatz von Call Centern bidirektionale Kommunikationsmöglichkeiten. Dadurch wird es möglich auf Kundensignale direkt zu reagieren. In solch einem persönlichen Dialog kann auf spezifische Situationen - etwa bei Auftreten von vorher unbekannten Problemen oder Widerständen - individuell geantwortet werden. Der Einsatz eines Call Centers im Beschwerdemanagement bietet die Chance, unzufriedene Kunden zu halten. Bekanntlich ist es deutlich teurer neue Kunden zu gewinnen, als unzufriedenen entgegenzukommen. Wird zudem aus Reklamationsgründen gelernt und das Leistungsangebot verbessert, kann die Kundenbindung erhöht werden. Gleichzeitig ist ein Call Center ein „Ohr am Markt" und dient der Früherkennung von Marktsignalen.
Der Einsatz von Call Centern bietet sich gerade auch bei „virtuell" distribuierbaren immateriellen Leistungen wie Software, Finanz- oder EDV-Dienstleistungen an. Traditionelle Distributionswege können so substituiert werden. Selbst wenn dabei eigene Marktanteile kannibalisiert werden, ergeben sich oft Effizienzvorteile. Gelingt dies darüber hinaus auch für Mitbewerbermarktanteile, entsteht ein wirklicher Zugewinn.

Der Einsatz von Call Centern birgt aber auch ein Gefahrenpotential. Wenn aus der Sicht des Kunden die Versprechen hinsichtlich Erreichbarkeit, Freundlichkeit, Flexibilität, Schnelligkeit, Kompetenz der Mitarbeiter, etc. nicht eingelöst werden, verkehren sich die angestrebten Ziele in ihr Gegenteil. Außerdem steigt mit zunehmender Gewöhnung an den durch das Call Center gebotenen Service die Anspruchshaltung der Kunden. Es bedarf insofern kontinuierlicher Verbesserungen, um der Erwartungshaltung gerecht zu werden.

7.3.2 Marketing für Call Center

Ein Call Center ist weit mehr als ein neues Kommunikationsinstrument. Die Einrichtung eines solchen hat Auswirkungen auf die gesamte Unternehmensorganisation und auf Prozeßabläufe. Call Center zentralisieren bestimmte Aufgabengebiete aus verschiedenen Abteilungen. Dies geht oft für letztere mit einem Machtverlust einher, denn Verantwortlichkeiten und Entscheidungskompetenzen werden mit abgegeben. Widerstände gegen diese Veränderung sind nicht unwahrscheinlich. Ein Call Center einzurichten und ein Unternehmen auf die hierdurch bedingten Veränderungen einzuschwören, verlangt unternehmensintern ein Marketing für Call Center. Dieses wird zumeist von einer Führungskraft aus dem Marketing betrieben, welche die Einrichtung eines Call Centers propagiert. Um solch ein Vorhaben durchzusetzen, müssen die Vorteile, die der Einsatz eines Call Centers bringt, in der Projektphase nicht nur der Geschäftsleitung als der Entscheidungsinstanz deutlich gemacht werden. Alle Mitarbeiter und Abteilungen müssen dauerhaft von der Sinnhaftigkeit überzeugt werden, denn von deren Akzeptanz der organisatorischen Veränderung und deren Antizipation der Call Center-Idee hängt letztlich der Erfolg ab.

Entscheidend für den Erfolg eines Call Centers ist weiterhin dessen organisatorische Realisation. Es muß nicht nur der Einsatz eines Call Centers im Sinne konsistenter Unternehmens- und Marketingziele mit dem Einsatz anderer Marketinginstrumente abgestimmt werden, sondern auch die konkrete Realisationsform muß für die Aufgabenstellung und den gewachsenen Unternehmenskontext angemessen sein und nicht nur unter dem Gesichtspunkt der Kosteneffizienz optimal sein. Die Gestaltungsoptionen sind vielfältig und reichen von einem vollständigen Outsourcing des Call Centers über virtuelle Call Center bis hin zu unternehmensinternen Call Centern. Zur Lösung dieser komplexen und anspruchsvollen Aufgabe reicht oft das unternehmensintern verfügbare Know-how nicht aus, weswegen dann mit externen, auf Call Center spezialisierten Consultingunternehmen[234] zusammengearbeitet wird. Diese Projektierungsphase zeichnet sich durch die temporäre Kooperation spezialisierter Dienstleister aus, die ihrerseits ein Marketing in eigener Sache betreiben müssen, um mit ihren Leistungen in Wertschöpfungsketten integriert zu werden. Wenn ihnen dies auch nach Inbetriebnahme des Call Centers gelingt, tragen sie zur Virtualisierung von Call Center-Strukturen bei.

7.3.3 Marketing Virtueller Call Center

Virtuelle Call Center lassen sich als Marketinginstrument prinzipiell genauso einsetzen wie auf herkömmliche Weise fest in Unternehmen integrierte Call Center, da der Anrufer die Organisation des Call Centers nicht durchschauen kann. Je nach Aufgabenstellung bieten sich verschiedene Formen der Virtualisierung an. Durch die verteilt erbrachten Wertschöpfungsanteile wird in virtuellen Call Centern die notwendige enge Abstimmung mit anderen Unternehmensbereichen erschwert. Virtuelle Call Center stellen erhöhte Anforderungen an die Integrationsleistung des Managements; solche zu propagieren erfordert umso mehr ein Marketing für Call Center.

In Situationen, in denen der Call Center-Betrieb kaum unternehmensspezifisches Know-how benötigt, wird oftmals auf externe Dienstleister wie Telemarketingagenturen zurückgegriffen, da hierfür günstige Kosten- und Kapazitätsüberlegungen sowie eine erhöhte Flexibilität sprechen. Aus Flexibilitätsgründen werden nicht selten auch bei Zeitarbeitsfirmen beschäftigte Mitarbeiter oder Teilzeitarbeitskräfte in Call Centern eingesetzt. Typische Beispiele finden sich v.a. auf Konsumgütermärkten: z.B. die temporäre Durchführung einer Marketingkampagne, oder wenn zur Qualitätssteigerung bei Anrufspitzen zur Abarbeitung des sogenannten Überlaufs auf zusätzliche Kapazitäten virtuell zurückgegriffen wird.

Chancen virtueller Call Center liegen darin, daß sich durch die Zusammenarbeit mit externen Kompetenzträgern Synergiepotentiale erschließen lassen. Bestimmte Leistungsangebote werden vielleicht erst möglich, wenn mit einem spezialisierten Partner kooperiert wird, der ein bestimmtes Know-how einbringt. Es muß abgewogen werden, ob die sich zusätzlich bietenden Chancen die sich aus der notwen-

---

[234] Z.B. Prisma Unternehmensberatung für Telefonkommunikation GmbH, Rodgau-Jügesheim.

digen partiellen Know-how-Preisgabe ergebenden Risiken rechtfertigen. Beispielsweise könnte ein Softwarehersteller eine technische Support-Hotline einrichten wollen. Wenn dessen Mitarbeiter in der Entwicklung dafür zwar hinsichtlich des Know-hows qualifiziert wären, aber kommunikative Defizite besitzen würden und sich ohnehin voll auf Entwicklungsaufgaben konzentrieren sollten, könnte dies zusammen mit einem auf die Softwarebranche spezialisierten Call Center-Dienstleister realisiert werden. An diesem Beispiel wird auch die besondere Schwierigkeit deutlich, Prozesse in der Zusammenarbeit mit einem externen Dienstleister so zu organisieren, daß der Informationsfluß gewährleistet bleibt, daß die im direkten Kundenkontakt gewonnenen Informationen auch für die Entwicklung nutzbar werden.

Wenn das Call Center mit sehr unternehmensspezifischem Know-how in Berührung kommt,[235] bestehen Gefahren der Know-how-Abstrahlung. Kooperationspartner können so zu gefährlichen Konkurrenten werden. In solchen Situationen wird ein Call Center wahrscheinlich unternehmensintern betrieben. Virtualisierungstendenzen beschränken sich auf die betrachtete Unternehmensorganisation.

7.4 Controlling

7.4.1 Ziele, Aufgaben, Instrumente, Organisation

Die Aufgaben des Controllings im Call Center können im Hinblick auf eine strategische und eine operative Ebene unterschieden werden.[236] Auf der strategischen Ebene finden sich Fragen der Zielformulierung und damit verbunden der Konfiguration des Call Centers. Da in virtuellen Call Centern v.a. einzelne oder Gruppen von Menschen als Projektpartner interpretiert werden können, ist hier die Personalauswahl zu diskutieren. Diesbezüglich sei auf Abschnitt 7.2 verwiesen. Neben den Agenten sind weitere Kompetenzträger wie Call Center-Dienstleister, Hard- und Softwareanbieter, etc. auf ihre Eignung für eine Mitarbeit zu überprüfen. Im Gegensatz zu VU sind virtuelle Call Center i.d.R. nicht temporär angelegt. Ist im Rahmen strategischer Entscheidungen die Konfiguration festgelegt, besteht aufgrund der in solchen Call Centern zumeist sehr ähnlich gelagerten Aufträge seltener die Notwendigkeit zur Rekonfiguration. Dennoch ist auf operativer Ebene ein

---

[235] Bei Finanzdienstleistern kann dies Kundendaten betreffen, zu deren Schutz allein die gesetzlichen Bestimmungen verpflichten.
[236] Vgl. Henn, H./Seiwert, G., 1998, S. 253.

permanentes Controlling der Leistungsfähigkeit der kooperierenden Einheiten notwendig, um Zielerreichungsgrade zu ermitteln und Effizienz und Wettbewerbsfähigkeit zu sichern. Der Initiator des virtuellen Call Centers kann als Abnehmer der Teilleistungen auf die weiter unten angesprochenen Instrumente zurückgreifen. Call Center-spezifische Kennzahlen und Meßverfahren werden in Abschnitt 7.4.2 genannt.

Kostenrechnerische Instrumente des Controllings im Call Center dienen dazu, Kennzahlen zu ermitteln, die den Leistungsverbrauch vergangener Perioden und der aktuellen Periode abbilden und den Vergleich mit Planzahlen oder mit Wettbewerbern erlauben. Weiterhin ergibt sich die Aufgabe, im Rahmen der Budgetierung Planerlöse, -kosten und damit den -erfolg zu ermitteln. Der „Cost per Call"-Ansatz ist analog zur Divisionskalkulation ein auf Vollkosten basierendes Verfahren, bei dem die gesamten Kosten des Call Centers einer Periode durch die Anzahl der Gespräche in dieser Periode dividiert werden.[237] Im Rahmen der Prozeßkostenrechnung können für jeden Geschäftsprozeß Prozeßgemein- und Vorgangskosten ermittelt werden. Damit werden alternative Gestaltungsvarianten für Geschäftsprozesse möglich und es können Angebotspreise geplant werden. Um die Frage nach „Make-or-Buy" für einzelne Teilleistungen im Call Center von der Kostenseite her zu beleuchten, kommen kostenrechnerische Instrumente wie „Cost per Call" in Frage. Einfache Preisvergleiche kommen bei eher gering spezifischen Kompetenzen - wie z.B. einfachen Telemarketingdienstleistungen - in Frage. Obwohl dies im Vergleich zu den Koordinationsmechanismen in traditionell-unternehmensintegrierten Call Centern mehr marktliche Koordinationsmechanismen bedeutet und i.d.R. Vorteile bringt, wären rein marktliche Koordinationsinstrumente selbst hier nicht transaktionskostenoptimal. In Situationen, bei denen immaterielle Werte wie spezifisches Know-how oder Geschäftsbeziehungen relevant sind gilt dies um so mehr. Für strategische Entscheidungen über die Integration von derartigen Teilleistungserbringern - und wenn Synergieeffekte angestrebt werden - kommt es v.a. auf ein „Kompetenz-Fit" der Partner an. Zur instrumentellen Unterstützung können hier Benchmarking-Verfahren eingesetzt werden.

Virtuelle Call Center sind zumeist so organisiert, daß es einen Initiator gibt, der eine fokale Rolle einnimmt und der implizit Aufgaben des strategischen Controllings übernimmt. In einer solchen Konstellation kommt es nicht zu einem expliziten Controlling im Sinne von Scholz. Wenn sich das virtuelle Call Center aus

---

[237] Vgl. ebenda, S. 261 ff.

rechtlich unabhängigen Partnern zusammensetzt, wäre die Organisation eines auf betriebsübergreifender Ebene notwendigen Controllings und die Verteilung der dadurch induzierten Gemeinkosten zu diskutieren. Auch kann die Aufnahme eines Kompetenzträgers „Controlling" erwogen werden.

7.4.2 Spezifische Kennzahlen und Meßverfahren

In der Call Center-Praxis haben sich zum Controlling der Leistungsfähigkeit spezifische Kennzahlen und Meßverfahren als nützlich erwiesen, die sich anhand objektiver und subjektiver Daten ermitteln lassen. Die ACD-Anlage liefert die erforderlichen objektiven Kennzahlen, die z.B. zur Abbildung der Erreichbarkeitssituation, eines wesentlichen Qualitätselements, herangezogen werden können. Zu nennen sind hier insbesondere

- der Servicelevel, der ausdrückt, wieviel Prozent der Anrufer in einer bestimmten Maximaldauer entgegengenommen werden; „80/20" bedeutet, daß 80 Prozent der Anrufe innerhalb von 20 Sekunden angenommen werden,[238]
- „Average speed of answer": Durchschnittszeit, in der alle Anrufe innerhalb einer Periode angenommen wurden,
- die Anzahl der Anrufer,
- die längste Wartezeit eines Anrufers in der Warteschlange,
- die Anzahl sogenannter „lost calls", d.h. Anrufe, die vom Anrufer vor Vermittlung an einen Agenten abgebrochen wurden,
- der Status der Agenten, z.B. im Gespräch, in der Nachbearbeitung oder in der Pause.

Diese Kennzahlen dienen als „Real Time"-Kennzahlen zur Steuerung kurzfristiger Kapazitätsplanungen während des Tagesgeschäfts. Zusammengefaßte Vergangenheitswerte auf Basis unterschiedlich langer Perioden verdeutlichen Entwicklungen und lassen Muster erkennen. Die Entwicklung des Anrufvolumens etwa dient als Indikator für das Nachfrageverhalten der Kunden. Kennzahlen der ACD-Anlage, z.B. durchschnittliche Zeitanteile, in denen telefoniert, nachbearbeitet oder auf

---

[238] Obwohl es eine Diskussion über „den richtigen" Servicelevel gibt, existiert kein für alle Call Center anzustrebender optimaler Wert. Dieser hängt jeweils von der Bedeutung der einzelnen Anrufe für das Unternehmen und der Anrufermotivation ab.

Anrufe gewartet wird, lassen sich zur Beurteilung der Leistung von Call Center-Einheiten, von Teams oder einzelner Agenten heranziehen.[239]

Um in Verbindung mit den elektronisch dokumentierten Bearbeitungsschritten Call Center-Prozesse optimieren zu können, werden Kennzahlen zur Prozeßqualität benötigt. Hier sind v.a. zu nennen

- die Sofortlösungsquote: Anteil der Anrufe am Gesamtaufkommen, die ohne Weitervermittlung zufriedenstellend durch den ersten Agenten bearbeitet wurden,
- die Anzahl offener Bearbeitungsfälle,
- die Beschwerdehäufigkeit bezogen auf das gesamte Bearbeitungsvolumen.

Bei der Bewertung der Call Center-Leistung aus der Sicht des Kunden kommen darüber hinaus subjektiv ermittelbare Kennzahlen bzw. durchzuführende Verfahren zum Einsatz. Die Gesprächs- und Beratungsqualität läßt sich durch Analyse von Bandaufzeichnungen im Team oder mit einem Trainer analysieren. Auch können dazu die Gespräche in einem direkten Coaching-Prozeß verfolgt werden. Die Agenten bekommen so ein Feedback bezogen auf ihre Stärken und Schwächen, und ihnen sollten Verbesserungsvorschläge aufgezeigt werden. Auf diese Weise kann die fachliche Beratungsqualität, Gesprächserfolg und -strukturierung, Freundlichkeit, Sprechqualität, etc. verbessert werden. Die Kundenzufriedenheit läßt sich durch Befragungen der Kunden ermitteln. Dies kann im Rahmen von Mailingaktionen auf schriftlichem Wege erfolgen. Derartige Befragungen lassen sich aber auch telefonisch in die Beratungsgespräche integrieren. Wegen der nicht gegebenen Unvoreingenommenheit des eigenen Call Centers werden oftmals externe Dienstleister damit beauftragt. Neben der Kundenbefragung können die von einem sogenannten „mystery caller", d.h. durch simulierte Kundenkontakte, gemachten Erfahrungen zur Beurteilung der Kundenzufriedenheit herangezogen werden.

---

[239] Vgl. Henn, H./Seiwert, G., 1998, S. 258ff.

7.5 Rechtliche Aspekte

7.5.1 Rechtliche Probleme virtueller Call Center

Die Frage nach der angemessenen rechtlichen Konstitution virtueller Call Center ist eng verbunden mit dem Begriffsverständnis und der konkreten Ausgestaltung. Am nächsten dem VU-Konzept wäre es, wenn sich mehrere rechtlich selbständige, spezifisch qualifizierte Call Center-Agenten bzw. -Dienstleister sowie ggf. weitere Kompetenzträger wie Consultingunternehmen, Personaldienstleister, Werbe- und Direktmarketingagenturen, etc. temporär zusammenfänden, um ein komplexes Call Center-Projekt durchzuführen. In der Praxis erscheinen derartige Konstellationen aber unwahrscheinlich, da sich im Call Center-Bereich selten nur temporär vorhandene Marktchancen eröffnen, auf die mit der Konfiguration eines virtuellen Call Centers geantwortet werden könnte.

In der Praxis ist häufig zu beobachten, daß Teilbereiche des Call Centers von einer externen Telemarketingagentur - u.a. sogar in den Räumlichkeiten des Auftraggebers - betrieben werden. In solchen Fällen ist auch das für VU charakteristische Kriterium rechtlicher Unabhängigkeit der Partner gegeben, doch besteht meist eine klare hierarchische Gliederung, vergleichbar mit Zulieferbeziehungen in einem fokalen Netzwerk. Wegen der vielfältigen gegenseitigen Abhängigkeiten bedarf es zur rechtlichen Absicherung komplexer vertraglicher Vereinbarungen. In den Verträgen mit selbständigen Partnern sind v.a. Vergütungssysteme zu vereinbaren, Qualitätsstandards und hierauf bezogene Kennzahlen und Meßverfahren zu definieren, Datenschutz und Haftungsfragen zu klären. Bei Telemarketingagenturen wird hinsichtlich der Vergütung oftmals ein Fixbetrag für die Bereitstellung der Dienste und ein variabler Anteil nach der Anzahl geführter Gespräche vereinbart. Für eher akquisitorische Tätigkeiten sind Provisionszahlungsmodelle als Leistungsanreiz verbreitet. Die Qualität der erbrachten Leistungen läßt sich anhand der in Abschnitt 7.4.2 genannten Kennzahlen ermitteln. Diese sind vertraglich ebenso zu fixieren wie Konzessionalstrafen bei Unterschreiten definierter Mindestqualitätsstandards. Angesichts der z.T. sehr sensiblen Daten, mit denen in Call Centern gearbeitet wird, kommt dem Datenschutz eine große Bedeutung zu. Gesichert werden muß auch partnerspezifisches Know-how. Da virtuelle Call Center meist ein fokaler Initiator dominiert, besteht die Gefahr, daß dieser seine Machtposition mißbraucht und sich z.B. Daten oder partnerspezifisches Know-how unbefugt aneignet. Durch den vernetzten IuK-Einsatz kann diese Gefahr aber grundsätzlich von jedem Partner ausgehen. Daher ist zu vereinbaren, auf welche Daten, zu welchem Zweck von wem zugegriffen werden darf und welche Sicherheitsstandards angewandt werden sollen. Ein Problem der Haftung ergibt sich, wenn in virtuellen Call Centern die Agenten in Namen des Call Centers als Angestellte Dritter oder als freie Mitarbeiter rechtsverbindliche Verträge mit z.T. weitreichenden wirtschaftlichen Konsequenzen abschließen sollen. Es sind insofern Zuständigkeiten und Kompetenzrahmen festzulegen in denen die Agenten frei entscheiden können. Um die Haftung für sich im Innenverhältnis zu begrenzen, können die Teilleistungserbringer haftungsbeschränkende Rechtsformen wählen. Wenn sie dies nicht tun, können diese wie angestellte Arbeitnehmer bei Fehlverhalten unbeschränkt in Regreß genommen werden. Im Gegensatz zu VU besteht bei Call Centern i.d.R. keine Unklarheit, wer im Rechtssinne nach außen Geschäftspartner ist, da die Leistung des virtuellen Call Centers zumeist vom Initiator in eigenem Namen vermarktet wird.

Das VU zugrunde liegende Charakteristikum der Selbständigkeit der Projektpartner ist nicht erfüllt, wenn als Kompetenzträger einzelne Agenten betrachtet werden, die Angestellte eines Call Center-Betreibers sind. Diese Konstellation findet sich oftmals dann, wenn das Call Center-Aufgaben übernimmt, für deren Bearbeitung eine eher geringe Qualifikation ausreicht. Für diese Mitarbeiter ist ein monatlich zu zahlendes Gehalt zu vereinbaren und es finden arbeitsrechtliche Regelungen Anwendung. Dies kann auch gelten, wenn freiberuflich Tätige beschäftigt werden, die gesetzlich als nur zum Schein Selbständige eingestuft werden. Die Abgrenzung zwischen einem Dienstverhältnis eines freien Mitarbeiters und Arbeitsverhältnissen ist v.a. an dem Umfang der Weisungsgebundenheit und der Bindung an feste Arbeitszeiten und -orte zu entscheiden.[240] Wenn in einem virtuellen Call Center verstärkt auf hochqualifizierte Agenten zurückgegriffen wird, sprechen diese Kriterien tendenziell für die Selbständigkeit.

Werden Teleheimarbeiter beschäftigt, erstreckt sich die Definition Arbeitsplatz auch auf deren häusliche Umgebung. Auch hier haftet der Arbeitgeber für die Sicherheit am Arbeitsplatz. Durch die Eigenarten der US-amerikanischen Rechtsprechung ist gerade in den USA durch Schadensersatzansprüche und Strafgeldern ein hoher finanzieller Risikofaktor mit Teleheimarbeit verbunden.[241] Daher ist bei

---

[240] Vgl. Maas, W./Stück, M., 1998, S. 165.
[241] Vgl. Marren, W.F., 1998, S. 8.

der Planung und dem Betrieb von Teleheimarbeitsplätzen dem Aspekt der Arbeits-
sicherheit Bedeutung beizumessen.

Die Auswertung der geführten Gesprächs- und Verbindungsdaten ist technisch
einfach zu realisieren, wenngleich rechtlich problematisch. Zwar hat der Arbeitgeber ein Interesse daran, die Leistung der Mitarbeiter zu kontrollieren, doch werden
dadurch Informations-, Mitwirkungs- und Mitbestimmungsrechte der Arbeitneh-
mervertretung ausgelöst.[242] Will man Auseinandersetzungen vermeiden, muß mit
dieser der Einsatz einer ACD-Anlage abgestimmt werden. Rechtlich problematisch
ist auch die Kommunikationsüberwachung in Form von Mithören und Aufzeich-
nungen. Dies kann zwar aus Kontroll- und Qualitätssicherungsgründen, zu Trai-
ningszwecken und zur Beweissicherung dienlich sein, verletzt aber massiv die
schützenswerte Privatsphäre sowohl von Mitarbeitern als auch von Kunden. Die
Schaffung eines vertrauensvollen Umgangs miteinander, bei der jeder Betroffene
vollständig über die angewandten technischen Überwachungsmaßnahmen Be-
scheid weiß und deren Gründe versteht, ist sehr wichtig. In virtuellen Call Centern
ist Vertrauensbildung eine besondere Herausforderung, da die verteilten Strukturen
dies erschweren.

7.5.2 Internationale Dimension

Aufgrund der geographischen Standortunabhängigkeit der Leistungserbringung
können Call Center an geeigneten Orten nicht nur im Inland, sondern auch im
Ausland eingerichtet werden. Im Rahmen virtueller Call Center-Strukturen kann
so ein niedriges Lohnniveau etwa in strukturschwachen Regionen bzw. Ländern
mit hoher Arbeitslosigkeit ausgenutzt werden.[243] Durch in unterschiedlichen Zeit-
zonen operierende vernetzte Call Center kann eine jederzeitige Erreichbarkeit
effizient sichergestellt werden. Die im grenzüberschreitenden Telefonverkehr stark
gesunkenen Kommunikationskosten tragen zunehmend zur Attraktivität internationaler Call Center bei. Sind die benötigten sprachlichen Qualifikationsanforderungen erfüllt, kann etwa das die Standardanfragen behandelnde Front Office im
Ausland angesiedelt werden, während die Spezialisten im Back Office am zentralen inländischen Unternehmenssitz lokalisiert bleiben.

---

[242] Vgl. Maas, W./Stück, M., 1998, S. 155.
[243] Wirtschaftsförderungsgesellschaften führen gerade in strukturschwachen Regionen niedrige
Lohnkosten als Argument für die Ansiedlung von Call Centern an.

Die rechtlichen Bestimmungen hinsichtlich Daten- und Verbraucherschutz sind allein in Europa sehr unterschiedlich. Während in Deutschland z.B. aktives Telefonmarketing, das sich an Privatpersonen richtet, grundsätzlich untersagt ist, ist dieses im Ausland z.T. zulässig. Die Auswahl eines virtuellen Call Center-Standortes kann nach dem Kriterium der geringsten Ansprüche hinsichtlich Daten- und Verbraucherschutz erfolgen. Analoges gilt hinsichtlich arbeitsrechtlicher Bestimmungen. Von einem ausländischen Standort zu agieren, kann die Handlungsspielräume erhöhen.

7.6 Fazit für virtuelle Call Center

Zusammenfassend kann festgestellt werden, daß sich das VU-Konzept nicht eins zu eins auf Call Center übertragen läßt. Dennoch können durch Virtualisierung der Strukturen im Sinne des VU-Konzepts viele VU zugeschriebene Stärken realisiert werden. Dabei kommt modernen IuK-Technologien eine zentrale Rolle zu. Waren ursprünglich Kosten- und Kapazitätsaspekte treibende Kraft für virtuelle Call Center, werden durch die kooperative Leistungserstellung auch höhere Qualitäten und völlig neue Leistungen möglich. Damit sind virtuelle Call Center besonders wettbewerbsfähig. So prophezeit die Beratungsgruppe Denzel + Partner, Ludwigsburg, für die Zukunft verstärkt virtuelle Call Center in dem diskutierten Sinne.[244] Virtuelle Call Center stellen zusätzliche Ansprüche an die untersuchten betrieblichen Funktionsbereiche. Um die sich durch Virtualisierung im Call Center-Bereich bietenden Chancen nutzen zu können, ist es wichtig, diese zu kennen.

Hinsichtlich der Human Resources hat sich gezeigt, daß Führungskräfte und Mitarbeiter in virtuellen Call Centern mit den für VU charakteristischen Problemstellungen konfrontiert werden. Telearbeitskonzepte tragen zur Produktivitätssteigerung bei, doch sind mit ihnen Gefahren sozialer Isolation, Demotivation und kommunikativer Defizite verbunden. Führungskräfte müssen hier durch ihre Integrationsleistung entgegenwirken. Dazu kann z.B. auf arbeitsorganisatorische Konzepte wie alternierende Telearbeit oder der Einsatz von Universal Agents, etc. zurückgegriffen werden. Virtuell eingebundene Agenten benötigen eine starke Eigenmotivation und größere Selbständigkeit bei der Informationsbeschaffung. Um in ihrem oft sehr spezialisierten Fachwissen aktuell zu bleiben, müssen diese sich sehr eigenständig um Weiterbildung bemühen. Ihre Wissensbasis ist wichtiges

---

[244] Vgl. o.V., 1999f.

Argument bei der Selbstvermarktung und kann zur Akquisition abwechslungsreicher und anspruchsvoller Aufgaben beitragen.

Call Center stellen ein genuines, innovatives Marketinginstrument dar, das schwerpunktmäßig der Kommunikationspolitik zugerechnet werden kann, sich aber auch distributionspolitisch nutzen läßt. Im Sinne einer konsistenten Verfolgung der Marketing- und Unternehmensziele, muß der Einsatz von Call Centern in enger Abstimmung mit den anderen Marketinginstrumenten erfolgen. Zur Einführung eines Call Centers bedarf es selbst eines Marketings für Call Center. Dies gilt für virtuelle Call Center aufgrund der erhöhten Komplexität um so mehr. Für den konkreten Kontext gilt es, die angemessene Call Center-Lösung zu finden. In Situationen, in denen kaum unternehmensspezifisches Know-how erforderlich ist, kann oft sehr flexibel und effizient auf externe Dienstleister wie Telemarketingagenturen zurückgegriffen werden. Chancen virtueller Call Center bestehen v.a. darin, daß die Zusammenarbeit mit Kooperationspartnern Synergiepotentiale birgt. Die in derartigen netzwerkartigen Strukturen notwendige partielle Know-how-Preisgabe ist allerdings mit Risiken verbunden. Wenn das Call Center mit sehr unternehmensspezifischem Know-how in Berührung kommt, muß auf die Zusammenarbeit mit externen Kooperationspartnern verzichtet werden.

Hinsichtlich des Controllings virtueller Call Center finden sich auf strategischer Ebene Fragen der Zielformulierung und der Konfiguration, die zumeist von einem fokalen Initiator wahrgenommen werden. Obwohl im Vergleich zu den Koordinationsmechanismen in traditionell-unternehmensintegrierten Call Centern eher marktliche Koordinationsmechanismen zur Anwendung kommen, wäre eine rein marktliche Koordination bei Call Center-Teilleistungen nicht transaktionskostenoptimal. Oft lassen sich Aufgabenbereiche in Call Centern nach dem Grad der Spezifität trennen. Während eher geringspezifische Aufgaben stärker marktlich koordiniert werden können, müssen andere von einem in die Unternehmensorganisation integrierten Call Center bearbeitet werden. Virtualisierungstendenzen müssen dann intraorganisatorisch beschränkt bleiben. Auf operativer Ebene ist ein permanentes Controlling der Leistungsfähigkeit erforderlich, um Zielerreichungsgrade zu ermitteln sowie Effizienz und Wettbewerbsfähigkeit zu sichern. Hier haben sich Call Center-spezifische Kennzahlen und Meßverfahren als nützlich erwiesen. Die ACD-Anlage liefert objektive Daten, die auch zur Steuerung kurzfristiger Kapazitätsplanungen genutzt werden können. Daneben kommen subjekti-

ve Verfahren, wie Kundenbefragungen oder die Analyse von Gesprächsaufzeich-
nungen, zum Einsatz.

Deutliche Unterschiede zum VU-Konzept finden sich bezüglich rechtlicher Aspekte. Wird mit selbständigen Partnern kooperiert, bestehen bei der i.d.R. nicht temporären Zusammenarbeit meist klare hierarchische Beziehungen zu dem Initiator
des virtuellen Call Centers. Da dieser - im Gegensatz zu VU - zumeist die Leistungen des Call Centers in eigenem Namen vermarktet, besteht keine Unklarheit
darüber, wer im Außenverhältnis Geschäftspartner Dritter ist. Wegen der besonderen Risiken und Abhängigkeiten bedarf es im Innenverhältnis komplexer vertraglicher Vereinbarungen hinsichtlich Haftung, Qualitätsstandards, Daten- und Know-
how-Schutz. Die Agenten sind i.d.R. Angestellte und keine selbständigen Projektpartner. Wenn diese auf Basis freier Mitarbeit beschäftigt werden, kann ggf. -
insbesondere bei Tätigkeiten, die hohen Routinecharakter haben - Scheinselbständigkeit vorliegen. Es sind dann arbeitsrechtliche Vorschriften zu beachten. Um
diesbezügliche Ansprüche und jene, die aus Daten- und Verbraucherschutzge-
sichtspunkten resultieren, möglichst gering zu halten, können ausländische Call
Center-Standorte in Erwägung gezogen werden.

8 Zusammenfassung und Ausblick

Auf die sich ändernden Umweltbedingungen stellt das VU-Konzept eine vielversprechende Antwort dar. Das Beispiel virtueller Call Center bestätigt das große virtuellen Unternehmensstrukturen vorausgesagte Potential. Den mit der technologischen Entwicklung einhergehenden sinkenden Koordinationskosten fällt dabei „enabler"-Rolle für das Entstehen derartiger „Best-of-everything"-Organisationen zu. Als netzwerkartige Kooperationsform kombinieren sie die Vorteile marktlicher und hierarchischer Koordination miteinander. Es hängt dabei von der konkreten Situation ab, ob sich diese auch realisieren lassen. VU können schnell und flexibel auf sich bietende Marktchancen reagieren. Wettbewerbsvorteile ergeben sich aus der besonders effizienten und effektiven Leistungserstellung. Die Entwicklung zu virtuellen Unternehmensstrukturen kann auf unterschiedlichen Wegen erfolgen. Dabei ergeben sich für die untersuchten betrieblichen Funktionsbereiche starke Veränderungen, deren Evaluation zur Konkretisierung des VU-Konzepts beiträgt.

Teambasiertes, projektorientiertes Zusammenarbeiten bei flachen Hierarchien bedeutet für die in diesen Strukturen Arbeitenden neue, steigende Anforderungen. Die traditionelle Art des Managens in Form von Planung, Entscheidung, Anweisung und Kontrolle, bei der die Führungskraft Ziele vorgab, die wichtigsten Entscheidungen traf und möglichst viele Aufgaben selbst erledigte, wird ersetzt durch ein partizipatives Management by Objectives. An die Stelle von Macht und Informationsvorsprüngen treten Vertrauen und Respekt. Die größere Selbständigkeit verlangt von den VU-Partnern eine hohe Eigenverantwortung, z.B. hinsichtlich ihrer Weiterbildung. Sie müssen in der Lage sein, ihre Leistungen an Projektgeber vermarkten zu können. Die Bereitschaft und Fähigkeit sich im Team einzubringen, Kommunikations- und Konfliktlösungsfähigkeit werden von den VU-Partnern ebenso erwartet wie Kreativität und Innovationsfähigkeit.

Vernetzte Geschäftsprozesse sind auch unter Marketingaspekten relevant. EDI-Konzepte tragen dazu bei, die Effizienz und Effektivität des Leistungsspektrums aus Sicht des Kunden positiv zu beeinflussen. Durch Schaffung von Wechselbarrieren läßt sich zudem die Kundenbindung erhöhen. Aufgrund des starken Rückgriffs auf IuK-Technologien scheinen VU für den Einsatz innovativer rechnergestützter Marketinginstrumente prädestiniert. Diese haben momentan einen kommunikationspolitischen Schwerpunkt. Adressaten lassen sich durch sie kostengünstiger, zielgruppenspezifischer und schneller ansprechen und die Kommunikationsinhalte können nachhaltiger verankert werden. Electronic Meetings können beispielsweise in vielen Fällen traditionelle Besprechungen ersetzen. Neben kommunikationspolitischen bestehen distributionspolitische Nutzungsmöglichkeiten beim z.B. Internet darin, Software nicht nur im Wege des „E-Commerce" zu verkaufen, sondern auch gleich auszuliefern.

Die Notwendigkeit eines VU-Controllings ergibt sich aus den systemimmanenten Schwächen, die der für den betrieblichen Erfolg wichtigen Koordinations-, Reaktions- und Adaptionsfähigkeit entgegenstehen. Inhalte eines VU-Controllings lassen sich relativ eindeutig konkretisieren. Sie bestehen darin, den Marktbezug sicherzustellen, den Virtualisierungsprozeß - d.h. die Koordination zwischen den einzelnen Unternehmen - zu optimieren und die VU-Tauglichkeit als eigene Aktions- und Reaktionsfähigkeit für die Beteiligung am VU zu gewährleisten. Während das implizite Controlling-Paradigma ein quasi-automatisches Controlling durch bereits bestehende Elemente des Systems VU sieht und keinen nennenswerten zusätzlichen Aufwand erfordert, ergeben sich nach dem expliziten Paradigma völlig neue Steuerungsmechanismen. Als Instrumente bieten sich hier v.a. das Target Costing und die Prozeßkostenrechnung an.[245]

Im gegenwärtigen deutschen Gesellschaftsrecht existieren keine üblichen Gesellschaftsformen, die der Beschreibung von VU ganz entsprechen. Daher muß in der Praxis je nach konkreten Anforderungen des VUs auf die gesetzlich definierten Rechtsformen zurückgegriffen und im Bereich des dispositiven Rechts um vertragliche Vereinbarungen ergänzt werden. Dabei wird in oft komplexen Vertragsnetzwerken die rechtliche Absicherung des erhöhten Risikopotentials angestrebt. Wenn entgegen der Definition das VU in einer eigenen Rechtsform geführt wird, ist abzuwägen, inwiefern dieses integrative Element die virtuellen Strukturen gefährdet. Ein gemeinsames juristisches Dach bzw. vertragliche Absicherungen werden sich nicht immer vermeiden lassen, da diese institutionalisierte Sicherheiten bieten, die Vertrauen allein nicht gewährleisten kann. Wenn in mehr als einem Rechtsraum agiert wird, ergeben sich oft Probleme aus divergierenden Rechtsnormen. Es bieten sich allerdings auch Chancen, Steuerersparnisse zu erzielen.

Für die Wissenschaft stellt sich die Aufgabe, die betrieblichen Einzelaspekte von VU weiter zu erforschen. Mit der zu erwartenden Verbreitung virtueller Unternehmensstrukturen in der Praxis wird es möglich und ist es notwendig, die noch

---

[245] Vgl. Scholz, C., 1995, S. 190.

weitgehend theoretischen Erkenntnisse anhand der Praxiserfahrungen zu überprüfen.[246]

---

[246] Vgl. Vogt Baatiche, G.G., 1998, S. 229ff.

Arnold, O.: *Spezifikation eines Prototypen zur Koordination in Virtuellen Unternehmen*, Hrsg. Ehrenberg, D./Griese, J./Mertens, P., Arbeitspapier der Reihe „Informations- und Kommunikationssysteme als Gestaltungselement Virtueller Unternehmen, Nr. 10/1996, Bern, Leipzig, Nürnberg, 1996.

Arnold, O./Faisst, W./Härtling, M./Sieber, P.: *Virtuelle Unternehmen als Unternehmenstyp der Zukunft?*, in: HMD - Praxis der Wirtschaftsinformatik, 9/1995, S. 8-23, Nr. 185, 1995.

Bassenge, P.: *Bürgerliches Gesetzbuch: Palandt*, 58. Auflage, München, 1999.

Benkenstein, M.: *Die Gestaltung der Fertigungstiefe als wettbewerbsstrategisches Entscheidungsproblem*, in: Zeitschrift für betriebswirtschaftliche Forschung zfbf, 6/1994, S. 483-497, Nr. 46, 1994.

Böse, B./Flieger, E.: *Call Center - Mittelpunkt der Kundenkommunikation*, Hrsg. Fedtke, S., Braunschweig, 1999.

Boos, F./Jarmai, H.: *Kernkompetenzen - gesucht und gefunden*, in: Harvard Business Manager, S. 19-26, Nr. 4, 1994.

Cleveland, B./Mayben, J./Greff, G.: *Call Center Management*, Wiesbaden, 1998.

Coase, R.H.: *The Nature of the Firm*, in: Economica, Nr. 4/1937, S. 386-405, London, 1937.

Faisst, W./Birg, O.: *Die Rolle des Brokers in Virtuellen Unternehmen und seine Unterstützung durch die Informationstechnologie*, Hrsg. Ehrenberg, D./Griese, J./Mertens, P., Arbeitspapier der Reihe „Informations- und Kommunikationssysteme als Gestaltungselement Virtueller Unternehmen, Nr. 17/1997, Bern, Leipzig, Nürnberg, 1997.

Friedrich, S.A./Hinterhuber, H.H.: *Führung um Kernkompetenzen: Gewinnen im Wettbewerb der Zukunft*, in: Gablers Magazin, Nr. 3/1995, S. 37-41, 1995.

Gaitanides, M.: *Je mehr desto besser? Zu Umfang und Intensität des Wandels bei Vorhaben des Business Reengineering*, in: technologie & management, S. 69-76, Nr. 2, 1995.

Garbe, M.: *Der Einfluß neuer Informations- und Kommunikationstechnik auf die Effizienz der Koordination*, Hrsg. Institut für Wirtschaftsforschung, München, 1997.

Gartner, G.I.: *Rosa - oder rot?*, in: Frankfurter Allgemeine Zeitung v. 1.6.1999, S. B1, Verlagsbeilage E-Commerce, Frankfurt, 1999.

Gaul, W./Klein, T.: *Elektronische Marktplätze und Entscheidungsunterstützung*, in: Computer Based Marketing, S. 35-42, Hrsg. Hippner, H./Meyer, M./Wilde, K.D., Braunschweig, Wiesbaden, 1998.

Gersch, M.: *Das Management vernetzter Geschäftsbeziehungen*, in: Computer Based Marketing, S. 25-34, Hrsg. Hippner, H./Meyer, M./Wilde, K.D., Braunschweig, Wiesbaden, 1998.

Gillies, C.: *Ein Alptraum: Mittelstand verpasst den Netzanschluß*, in: Die Welt v. 23.11.1999, S. WW1, Internet-Magazin der Welt, 1999.

Grob, H.L./Bieletzke, S.: *Erfolgsfaktoren für das System „Internet"*, in: Computer Based Marketing, S. 109-116, Hrsg. Hippner, H./Meyer, M./Wilde, K.D., Braunschweig, Wiesbaden, 1998.

Hamel, G./Prahalad, C.K.: *Wettlauf um die Zukunft: wie Sie mit bahnbrechenden Strategien die Kontrolle über Ihre Branche gewinnen und die Märkte von morgen schaffen,* Wien, 1995.

Hammer, M.: *Reengineering Work - don't automate, Obligate*, in: Harvard Business Review, S. 104-112, Vol. 68, Nr. 7/8, 1990.

Hammer, M./Champy, J.: *Business Process Reengineering - Die Radikalkur für das Unternehmen*, Frankfurt/New York, 1993.

Hein, M.: *Call Center - Agenten im Home-Office*, Micrologica Fachtext aus Office Management 2/1999, am 20.9.1999 http://www.micrologica.de/cgi-bin/show.pl?filename= 9902042325.

Henn, H.: *Der gläserne Agent - Chancen und Risiken von Call Monitoring,* in: TeleTalk - Call Center Texte, S. 48-50, Sonderdruck für Prisma Unternehmensberatung für Telefonkommunikation GmbH, telepublic Verlag (Hrsg.), Hannover, 1998.

Henn, H./Seiwert, G.: *Controlling im Call Center*, in: Handbuch Call Center Management, S. 251-268, Hrsg. Henn, H./Kruse, J.P./Strawe, O.V., 2. Auflage, Hannover, 1998.

Hinterhuber, H.H./Friedrich, S.A./Handtbauer, G./Stuhec, U.: *Die Unternehmung als kognitives System von Kernkompetenzen und strategischen Geschäftseinheiten*, in: Produktions- und Zuliefernetzwerke, Hrsg. Wildemann, H., S. 68-103, München, 1996.

Hippner, H./Meyer, M./Wilde, K.D. (Hrsg.): *Computer Based Marketing*, Braunschweig, Wiesbaden, 1998.

Höhl, M.: *Knowledge Based Marketing - Computergestützter Softwarevertrieb*, in: Computer Based Marketing, S. 135-140, Hrsg. Hippner, H./Meyer, M./Wilde, K.D., Braunschweig, Wiesbaden, 1998.

Holzinger, A./Meyer, M.: *Database Marketing im internationalen Business-to-Business Marketing*, in: Computer Based Marketing, S. 187-198, Hrsg. Hippner, H./Meyer, M./ Wilde, K.D., Braunschweig, Wiesbaden, 1998.

Holzmann-Fuchs, U.: *Personalauswahl*, in: Handbuch Call Center Management, S. 129-152, Hrsg. Henn, H./Kruse, J.P./Strawe, O.V., 2. Auflage, Hannover, 1998.

Jacob, F.: *Produktindividualisierung - Ein Ansatz zur innovativen Leistungsgestaltung im Business-to-Business Bereich*, Wiesbaden, 1995.

Jung, H.-H./Wiedmann, K.-P.: *Neuronale Netze im Rahmen der Automobil-marktseg-mentierung*, in: Computer Based Marketing, S. 437-444, Hrsg. Hippner, H./Meyer, M./ Wilde, K.D., Braunschweig, Wiesbaden, 1998.

Kienel, H./Zerbe, S./Krcmar, H.: *Business Television in Marketing und Vertrieb*, in: Computer Based Marketing, S. 117-124, Hrsg. Hippner, H./Meyer, M./Wilde, K.D., Braunschweig, Wiesbaden, 1998.

Kilian, W.: *Möglichkeiten und zivilrechtliche Probleme eines rechtswirksamen elektronischen Datenaustauschs (EDI)*, in: Datenschutz und Datensicherung, Nr. 11, 1993.

Klein, C.: *CTI - Computer-Telephony-Integration*, in: Handbuch Call Center Management, S. 335-382, Hrsg. Henn, H./Kruse, J.P./Strawe, O.V., 2. Auflage, Hannover, 1998.

Klein, S.: *Virtuelle Organisation*, in: Wirtschaftswissenschaftliches Studium, S. 309-311, Nr. 6, 1994.

Kruse, J. P.: *Die strategische Bedeutung der Innovation Call Center*, in: Handbuch Call Center Management, S. 11-34, Hrsg. Henn, H./Kruse, J.P./Strawe, O.V., 2. Auflage, Hannover, 1998.

Krystek, U./Redel, W./Reppegather, S.: *Grundzüge virtueller Organisationen*, Wiesbaden, 1997.

Kuhn, K.: *Technik im Call Center*, in: Handbuch Call Center Management, S. 303-322, Hrsg. Henn, H./Kruse, J.P./Strawe, O.V., 2. Auflage, Hannover, 1998.

Lange, K.W.: *Die virtuelle Fabrik*, in: BertriebsBerater (BB), Zeitschrift für Recht und Wirtschaft, S. 1165-1171, Nr. 23, v. 4.6.1998, Heidelberg, 1998a.

Lange, K.W.: *Das Recht der Netzwerke - Moderne Formen der Zusammenarbeit in Produktion und Vertrieb*, Heidelberg, 1998b.

Lattmann, C.: *Die verhaltenswissenschaftlichen Grundlagen der Führung des Mitarbeiters*, Bern, Stuttgart, 1982.

Maas, W./Stück, M.: *Arbeitsrechtliche Grundlagen im Call Center*, in: Handbuch Call Center Management, S. 153-172, Hrsg. Henn, H./Kruse, J.P./Strawe, O.V., 2. Auflage, Hannover, 1998.

Marren, W.F.: *In the Center - Why Telecommuting Makes Sense for Call Centers*, in: Service Level Newsletter, S. 6-9 und S. 19, Nr. 3, 1998.

Mertens, P./Faisst, W.: *Virtuelle Unternehmen - eine Organisationsstruktur für die Zukunft?,* in: technologie & management, S. 61-68, Nr. 2, 1995.

Mertens, P./Faisst, W.: *Virtuelle Unternehmen - Einführung und Überblick*, am 29.11.1999 unter http://orgbrain.wil.uni-erlangen.de/veroeffentlichungen/vu/ VU_WING.pdf, Nürnberg, 1996.

Mertens, P./Faisst, W.: *Virtuelle Unternehmen: Idee, Informationsverarbeitung, Illusion*, in: Organisationsstrukturen und Informationssysteme auf dem Prüfstand, Hrsg. Scheer, A.-W., S. 102-135, 18. Saarbrücker Arbeitstagung für Industrie, Dienstleistung und Verwaltung, Heidelberg, 1997.

Mertens, P./Griese, J./Ehrenberg, D. (Hrsg.): *Virtuelle Unternehmen und Informationsverarbeitung*, Berlin, Heidelberg, 1998.

Miles, R./Snow, C.: *Fit, Failure, and the Hall of Fame*, in: California Management Review, S. 10-28, Nr. 3, 1984.

Mowshowitz, A.: *Social Dimensions of Office Automation*, in: Advances in Computers, Hrsg. Yovitz, M., S. 335-404, Jg. 25, 1986.

Mura, H.: *Standortauswahl für deutschsprachige Call Center*, in: Handbuch Call Center Management, S. 95-112, Hrsg. Henn, H./Kruse, J.P./Strawe, O.V., 2. Auflage, Hannover, 1998.

Muther, A./Österle, H./Tomczak, T.: *Electronic Customer Care*, in: Computer Based Marketing, S. 167-176, Hrsg. Hippner, H./Meyer, M./Wilde, K.D., Braunschweig, Wiesbaden, 1998.

o.V.: *SAP-Chef Plattner prognostiziert Internet-Boom im Vertrieb*, in: Computerpartner, Nr. 21/99 v. 4.6.1999, S. 14, München, 1999a.

o.V.: *Attraktiver Internet-Handel zwischen Firmen*, in: Neue Zürcher Zeitung v. 10.11.1999, S. 13, Zürich, 1999b.

o.V.: *Im Call Center wartet die schnelle Karriere*, in: Die Welt v. 28.6.1999, S. 22, Hamburg, 1999c.

o.V.: *Boom für Software über das Netz*, in: NetworkWorld, Nr. 1/1999 v. 15.10.1999, S. 14, München, 1999d.

o.V.: *Mit dem Export von Software kann Indien die Armut bekämpfen - Die Informationstechnologie sorgt auf dem Subkontinent für ein Wirtschaftswunder*, in: Handelsblatt v. 1.12.1999, S. 11, 1999e.

o.V.: *Die Zukunft des Call Centers*, Beratungsgruppe Denzel + Partner (Hrsg.), Reihe Trends für Marketing, Management und Verkauf, Ludwigsburg, 1999f.

Olbrich, T.J.: *Das Modell der „Virtuellen Unternehmen" als unternehmensinterne Organisations- und unternehmensexterne Kooperationsform*, in: Information Management, S. 28-36, Nr. 4, 1994.

Picot, A.: *Organisation*, in: Vahlens Kompendium der Betriebswirtschaftslehre, Band 2, S. 103-112, München, 1993.

Picot, A./Reichwald, R./Wigand, R.T.: *Die grenzenlose Unternehmung: Information, Organisation und Management*, Wiesbaden, 1996.

Reiss, M.: *Virtuelle Unternehmen - Fundgrube für Freelancer*, in: UNI Magazin, Nr. 4/99, S. 59-62, Mannheim, 1999.

Riedl, J.: *„Push- und Pullmarketing" in Online-Medien*, in: Computer Based Marketing, S. 85-96, Hrsg. Hippner, H./Meyer, M./Wilde, K.D., Braunschweig, Wiesbaden, 1998.

Rössel, M.: *Elektronische Märkte - Nutzungsmöglichkeiten und Akzeptanzförderung*, in: Computer Based Marketing, S. 141-148, Hrsg. Hippner, H./Meyer, M./Wilde, K.D., Braunschweig, Wiesbaden, 1998.

Scholz, C.: *Controlling in Virtuellen Unternehmen*, in: Rechnungswesen und EDV, S. 171-192, 16. Saarbrücker Arbeitstagung - Aus Turbulenzen zum gestärkten Konzept?, Hrsg. Scheer, A.-W., 1995.

Schräder, A.: *Management virtueller Unternehmungen - Organisatorische Konzeption und informationstechnische Unterstützung flexibler Allianzen*, Frankfurt, New York, 1996.

Schroder, D./Strauß, R. E.: *Electronic Commerce*, in: Computer Based Marketing, S. 55-64, Hrsg. Hippner, H./Meyer, M./Wilde, K.D., Braunschweig, Wiesbaden, 1998.

Sell, A.: *Technologiekooperationen - Einführung*, in: Neue Perspektiven für internationale Unternehmenskooperationen, Hrsg. Sell, A., S. 207-220, Münster, Hamburg, 1995.

Sell, A.: *Internationale Unternehmenskooperationen*, München, 1994.

Servatius, H.-G.: *Reengineering Programme umsetzen - Von erstarrten Strukturen zu flexiblen Prozessen*, Stuttgart, 1994.

Sieber, P.: *Virtuelle Unternehmen in der IT-Branche*, Bern, 1998.

Snow, C./Miles, R./Coleman, H.: *Managing 21st Century Network Organizations*, in: Organizational Dynamics, S. 5-20, Nr. 20, 1992.

Szyperski, N./Klein, S.: *Neue Herausforderungen an das Management,* in: Office Management, S. 32-37, Nr. 11, 1993.

Thieme, K.H./Steffen, W.: *Call Center - Der professionelle Dialog mit dem Kunden*, Landsberg/Lech, 1999.

Tuma, A./Haasis, H.-D: *Configuration and Coordination of Virtual Production Networks*, University of Bremen, o. J.

Veil, T./Hess. T.: *Fallstudien zum Controlling von Unternehmensnetzwerken*, Arbeitsbericht Nr. 3/1998 der Abteilung Wirtschaftsinformatik II der Universität Göttingen, 1998a.

Veil, T./Hess. T.: *Entwicklungsstand des Netzwerkcontrolling in der Literatur*, Arbeitsbericht Nr. 5/1998 der Abteilung Wirtschaftsinformatik II der Universität Göttingen, 1998b.

Vogt Baatiche, G.G.: *Das virtuelle Unternehmen - Anforderungen an die Human Resources*, Dissertation Nr. 2028 der Universität St. Gallen, Hochschule für Wirtschafts-, Rechts- und Sozialwissenschaften, Koblenz, 1998.

Waldeck, B.: *Electronic Meetings - Möglichkeiten der Kundeneinbindung in die Produktentwicklung*, in: Computer Based Marketing, S. 221-232, Hrsg. Hippner, H./Meyer, M./ Wilde, K.D., Braunschweig, Wiesbaden, 1998.

Wicher, H.: *Virtuelle Organisationen*, in: WISU, Heft 6/1996, S. 541-542, Düsseldorf, 1996.

Wildemann, H.: *Management von Produktions- und Zuliefernetzwerken*, in: Produktions- und Zuliefernetzwerke, Hrsg. Wildemann, H., S. 14-54, München, 1996.

Wildemann, H.: *Koordination von Unternehmensnetzwerken*, in: Zeitschrift für Betriebswirtschaft, S. 417-439, München, 1997.

Willamson, O.E.: *The Economic Institutions of Capitalism*, New York, 1985.

Williamson, I.: *Der Wandel des Geschäftes durch „Simultaneous Engineering"*, in: CIM-Management, Nr. 2/1993, München, 1993.

Wißmeier, U.K.: *Die Nutzung des Internets für das internationale Marketing - Grundlagen und Ansätze eines Erklärungsmodells für die Nutzung als internationaler Distributionskanal*, in: Computer Based Marketing, S. 43-54, Hrsg. Hippner, H./Meyer, M./Wilde, K.D., Braunschweig, Wiesbaden, 1998.

Wöhe, G.: *Einführung in die allgemeine Betriebswirtschaftslehre*, 19. A., München, 1996.

Wohlgemuth, O./Hess., T.: *Möglichkeiten zur Übertragung verwandter Ansätze auf das Netzwerkcontrolling*, Arbeitsbericht Nr. 1/1999 der Abteilung Wirtschaftsinformatik II der Universität Göttingen, 1999.